D1997229

Abenteuergeschichten
mit Finn, Li und Mo

chubi

Grammatik – kompetent! 6

Carina Stocker-Müller • Illustrationen: Matthias Kahl

Kopierrecht

CH-8207 Schaffhausen
service@schubi.com
www.schubi.com

1. Auflage 2016

ISBN 978-3-86723-576-1

No 111 44

FSC www.fsc.org
MIX
Papier aus verantwortungsvollen Quellen
FSC® C011855

Vorwort

Lehrpersonen haben viel um die Ohren und Kinder mögen es gerne humorvoll, spielerisch und konkret. Deshalb habe ich ein Grammatiktraining gestaltet, das

- die Theorie zur Grammatik in Kürze und die gefragten Lernkompetenzen stufengerecht formuliert enthält.
- für die Lehrperson selbsterklärend, schnell und vielseitig einsetzbar ist.
- der Lehrperson die Unterrichtsvorbereitung erleichtert und vom Einstieg ins Thema über die Übungsphase bis hin zur Lernkontrolle alles beinhaltet.
- für Kinder abwechslungsreich und lehrreich ist und mehrere Lernniveaus und Sinneskanäle anspricht.
- Lehrperson und Kinder zu eigenen Ideen und Sprachspielen anregt.
- Spaß macht, unterhält, fördert und fordert.

Ich danke den Redakteurinnen Antonia Fischer und Birgit Gehring für die wunderbare Zusammenarbeit.

Carina Stocker-Müller: Ideen/Texte
- Primarlehrerin, Logopädin

Matthias Kahl: Illustrationen
- freiberuflicher Illustrator für den Kinder- und Jugendbereich

Mit wertvoller Unterstützung des SCHUBI-Verlags und der …

Ich wünsche Ihnen und Ihrer Klasse viel Freude und Lernerfolg bei der Arbeit mit „Grammatik – kompetent! 6“!

Carina Stocker-Müller

Inhaltsverzeichnis

Anwendungen/Tipps zu den Kopiervorlagen

Die Wortarten

KV 1 Aufgabe 1: Text hochkopieren, Wort für Wort zerschneiden und den Wortarten zuordnen lassen.
Aufgabe 2, Zusatz: In eine Blanko-Tabelle eigene verwandte Wörter eintragen.

KV 6 In Büchern, Zeitschriften, Werbung nach substantivierten Adjektiven suchen.

KV 10 Aufgabe 1: Den Kindern eine Blanko-Tabelle geben, eigene Sätze erfinden lassen, ein anderes Kind löst (kreuzt an).

KV 11 Lupenaufgabe: Die Expertengruppe stellt der Klasse ihre Ergebnisse vor (typische Adjektiv-Endungen) → ein Plakat wird erstellt.

KV 20 Die Kinder verfassen eigene Adjektiv-Lückentexte und tauschen sie untereinander.

Grammatische Zeiten

KV 1 Jedem Kind ein Stück Kreide und ein Verb auf einem Zettel geben. Auf dem Pausenplatzboden in verschiedenen grammatischen Zeiten konjugieren lassen.
Aufgabe 2: Blanko-Tabellen bereitlegen, eigene Sätze notieren lassen.

KV 3 Blanko-Tabelle anbieten; Kinder arbeiten mit eigenem Verb-Material, stellen einander Aufgaben und korrigieren gegenseitig.

KV 4 Zusatzaufgabe: Auf einem Plakat Verben sammeln lassen, die mit SEIN gebildet werden, auf einem zweiten Plakat Verben sammeln lassen, die mit HABEN gebildet werden. Fragestellung: Was fällt auf? (Bewegungsverben!)

KV 5 Zusatzaufgabe für besonders pfiffige Kinder: Wie wird das Perfekt und das Plusquamperfekt mit Modalverben gebildet? Beispiel: Ich kann gut schwimmen. / Er hat gut schwimmen können. / Er hatte gut schwimmen können. Fragestellung: Findest du die Regel?

KV 11 Die Kinder erfinden eigene Fantasiewörter, tauschen sie zum Konjugieren, der Aufgabensteller korrigiert.

KV 12 Sätze in diversen Zeiten auf Streifen schreiben und den entsprechenden Zeiten (beschriftete Kuverts oder Schachteln) zuordnen lassen.

Satz I

KV 1 Weitere Sagen suchen/mitbringen lassen, Begleitsätze und direkte Reden markieren bzw. den Text um solche ergänzen. Texte mit verteilten Rollen lesen lassen (Erzähler, Sagen-Personal).

KV 3/4 Zusatz: Die Kinder suchen in Büchern nach Satzreihen und Nebensätzen und schreiben selbst gewählte Satzbeispiele heraus.

KV 5 Zusatz: In Büchern nach jeweils drei Sätzen mit vorangestelltem, nachgestelltem und eingeschobenem Nebensatz suchen lassen.

KV 7 Zusatz: Wortkärtchen mit Bindewörtern/Konjunktionen vorbereiten (sobald, da, damit, obwohl, ohne, dass, nachdem, bevor, falls etc.). Die Kinder ziehen eine Karte und bilden ein Satzgefüge mit dem jeweiligen Bindewort.

KV 9 Zusatz: Blanko-Karteikarten verteilen. Die Kinder notieren auf der Vorderseite einen direkten Redesatz beginnend mit „XY sagt/fragt", auf die Rückseite wird der indirekte Redesatz notiert. Nach Korrektur die Kärtchen als Übungskartei zur Verfügung stellen.

KV 13 Aktuelle PRO und CONTRA-Themen (Regionalgeschehen, Jugendkultur) auswählen und in die Klasse geben.

Satz II

Die vier Fälle

KV 2 Tabelle als Blanko-Tabelle anbieten, die Kinder arbeiten mit eigenen Satzbeispielen und stellen einander Aufgaben.

Die Satzglieder

KV 6 Für schwächere Kinder die Sätze kopieren, zerschneiden und die Verschiebeprobe handelnd durchführen lassen.

KV 7 Blanko-Tabelle anbieten und mit eigenen Sätzen arbeiten lassen.

KV 8 Aus Papierstreifen und Flügelklammer einen Fragenfächer basteln.

KV 9 Die Aufgabe lässt sich auch umgekehrt anbieten: Die Kinder erhalten die ausgefüllte Tabelle (ergänzt um das Prädikat) und bilden mit diesen Angaben vollständige Sätze.

Grammatik-Rätselkartei

- Auf dünnen Karton hochkopieren und Kärtchen ausschneiden.
- Kartei mit eigenen Grammatik-Fragen ergänzen bzw. die Kinder legen zusätzliche Grammatik-Karten an.
- Karten themenweise anbieten (Wortarten, Grammatische Zeiten, Sätze, Satzglieder und die vier Fälle) oder alle Karten miteinander mischen.
- Spiel für drei oder vier Spieler: Ein Kärtchen ziehen, Frage vorlesen und beantworten. Ist die Antwort richtig (Kontrolle: Lösung auf Kärtchenrückseite), darf die Karte behalten werden; ist sie falsch, wird die Karte wieder unter den Stapel gemischt. Wer am Ende die meisten Karten besitzt, ist Grammatikmeister oder Grammatikmeisterin!

Allgemeines zum Aufbau und Einsatz von „Grammatik – kompetent! 6“

- Die Kopiervorlagen dieser Mappe sind so konzipiert, dass sie möglichst **selbsterklärend** und **sofort einsetzbar sind.** Somit bleibt der Lehrperson eine aufwändige Vorbereitungsarbeit erspart.
- Jede Kopiervorlage kann **einzeln als Übungsblatt** zu einem Thema bearbeitet werden.
- Alle Kopiervorlagen zu einem Thema können aber auch als **komplette Einheit** (Einstieg, Stationenarbeit, Lernkontrolle) genutzt werden. Auf Seite 5 finden sich Ideen und Tipps für den Einsatz der einzelnen Arbeitsblätter.
- Mithilfe des **Blanko-Laufzettels** (Seite 8) kann die Lehrperson bei Bedarf die Kopiervorlagen selbst auswählen oder ergänzen und eine **eigene Übungseinheit** zusammenstellen.
- Im Anhang befinden sich alle **Lernkontrollen** und **Lösungen** sowie eine Kartei mit Fragen und Antworten zu den Grammatikthemen, die die Kinder am Ende der 6. Klasse beherrschen sollten **(Grammatik-Rätselkartei).** Die beiliegenden **Lernplakate** können zur Vertiefung der Grammatiktheorie im Schulzimmer aufgehängt werden.
- Theorie: Die jeweiligen Grammatikthemen werden am Anfang jedes Kapitels unter **„Das Wichtigste in Kürze“** zusammengefasst. Diese Zusammenfassung basiert auf den Werken „Schulgrammatik Deutsch: Vom Beispiel zur Regel“ (von Diethard Lübke, Cornelsen Verlag 2000) und „Training Deutsch. Grammatik und Stil 5./6. Klasse“ (von Frank Kubitza, Stark Verlag 2011).

Die Leitfiguren

Finn, Li, Mo sind die drei **Grammatikhelden,** welche jeweils die grammatikalischen Schwerpunkte einführen. Mit Hinweisen und Gedanken leiten sie durch die Kopiervorlagen und lockern diese mit ihren Sprüchen auf.

Aufbau der Kapitel

- **„Grammatik – kompetent! 6“ enthält folgende Grammatik-Themen:**

• Die Wortarten
• Grammatische Zeiten
• Satz I (Satzzeichen, Haupt- und Nebensätze)
• Satz II (die vier Fälle, Satzglieder)

Jedes Kapitel beinhaltet einen theoretischen Teil (Das Wichtigste in Kürze), einen möglichen Einstieg in das jeweilige Thema, einen Laufzettel mit Kompetenzraster für die Stationenarbeit und die entsprechenden Kopiervorlagen.

- **Das Wichtigste in Kürze:** Auf dieser Seite ist die Grammatik des Kapitels zusammengefasst. Hier sind alle **Kompetenzen** aufgelistet, welche die Kinder am Ende der Übungseinheit erworben haben sollten. **Grau** gekennzeichnete Kompetenzen gelten als Zusatz-Kompetenzen, die angesprochen werden können, aber noch nicht von allen Kindern erworben werden müssen.
- **Einstieg:** Das jeweilige Grammatikthema kann mit einem kurzen Einstiegscartoon eingeführt werden. Ziel ist es, die Kinder emotional abzuholen, sie mit der Besonderheit dieses Grammatikschwerpunktes bekannt zu machen und ihre Neugier zu wecken. Die Kinder werden dazu animiert, den drei Leitfiguren Finn, Li und Mo beim Lösen ihrer Aufgaben zu helfen und selbst Grammatikhelden zu werden. Wichtig ist, dass die Lehrperson schon am Anfang jeder Lerneinheit den Kindern die nötige Theorie zum jeweiligen Grammatikthema vermittelt, entweder wie vorgeschlagen mithilfe des Einstiegscartoons oder mit einer eigenen Einführung. So können die Kinder anschließend die Kopiervorlagen/Stationen **frei und selbstständig** bearbeiten.
- **Laufzettel:** Der Laufzettel bietet den Kindern einen Überblick über alle Aufgaben zum jeweiligen Kapitel. Er zeigt auf, welche Kompetenz mit welcher Aufgabe geübt werden kann. Es müssen nicht alle Aufgaben und diese auch nicht der Reihenfolge nach gelöst werden. Die Kinder sollen zum **selbstgesteuerten Lernen** hingeführt werden und selbst merken, was sie bereits gut können und wo sie vermehrter Übung bedürfen. Die Lehrperson kann schwächeren Kindern vorgeben, welche Aufgaben sie mindestens lösen müssen. Stärkere Kinder können sich an Lupen-Kompetenzen wagen. Die Kinder kreuzen im mittleren Feld an, dass sie die Aufgabe gelöst und wie sie sie empfunden haben (Gewichtheber: einfach, mittel, schwierig). Im Kontrollfeld wird markiert, ob die Aufgabe von der Lehrperson oder mit dem Kontrollblatt selbstständig kontrolliert wurde.

Zur Arbeit mit „Grammatik – kompetent! 6“

Erklärung Piktogramme

Das war einfach.

Das war
mittelschwierig.

Das war schwierig.
Ich sollte noch mehr üben.

Zusatzaufgabe für schnelle,
fleißige Kinder

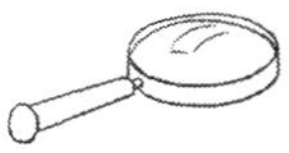

Profiaufgabe für sprachstarke Kinder:
zum Entdecken und Nachdenken

Markierungen und verwendete Abkürzungen

Die grammatischen Zeiten werden auf einigen Kopiervorlagen abgekürzt:
Präs. = Präsens Prät. = Präteritum Perf. = Perfekt Plusq. = Plusquamperfekt
Fu. I = Futur I Fu. II = Futur II

Die Satzglieder werden folgendermaßen gekennzeichnet:
Subjekt Prädikat Satzglied

Die vier Fälle werden abgekürzt:
N = Nominativ A = Akkusativ D = Dativ G = Genitiv

Hinweis zur Grammatik-Rätselkartei ab Seite 81:

Hier finden sich Kärtchen mit Fragen und Antworten zu allen Grammatikthemen, die die Kinder Ende der 6. Klasse beherrschen sollten. Nach Bearbeitung jedes Themas können die Schülerinnen und Schüler spielerisch testen, was sie bereits kennen und wissen.

Hinweis zur Verwendung des ß-Zeichens:

Bei allen Texten, die für die Hand der Kinder gedacht sind, wurde auf die Schreibung des Eszett-Zeichens verzichtet. Wer diese Übungsseiten mit Eszett wünscht, findet die betreffenden Vorlagen auf der SCHUBI-Webseite (www.schubi.com) unter **Grammatik – kompetent! 6** als Gratis-Download.

Name:

				Kontrolle

Willst du noch mehr üben? Dann löse auch diese Sternaufgabe.

Bist du schon ein Profi? Dann versuche die Profiaufgabe zu lösen.

Das Wichtigste in Kürze

Verben: Das Verb sagt aus, wer (Personalform) und wie viele (Singular/Plural) was (Tätigkeit) wann (grammatische Zeit) tun. Man unterscheidet zwischen Voll-, Hilfs- und Modalverben: Vollverben bezeichnen eine Tätigkeit, Hilfsverben helfen, verschiedene Zeiten zu bilden, und Modalverben drücken einen Wunsch, eine Möglichkeit oder Notwendigkeit aus.
Nomen mit Begleiter/Artikel: Nomen gibt es in drei verschiedenen Geschlechtern (männlich, weiblich und sächlich), die durch den jeweiligen Begleiter/Artikel deutlich werden. Artikel können auch „versteckt", d.h. mit einer vorangehenden Präposition verschmolzen sein (zum = zu dem). Diese „verschmolzenen" Wörter (zum, im ...) werden zur Wortart Präposition gezählt. Nomen sind veränderbar (Singular/Plural, Umbildungen). Bei der Substantivierung werden andere Wortarten (Verben, Adjektive) zu Nomen.
Adjektive: Das Adjektiv macht eine zusätzliche qualitative Aussage. Bis auf wenige Ausnahmen (z.B. tödlich, blind) sind Adjektive steigerbar. Sie werden beim Nomen nach eigenen Regeln mitdekliniert. Vor bzw. nach dem Wortstamm können sie adjektivtypische Präfixe (un-, ur-, miss-) bzw. Suffixe (-lich, -bar, -haft, -ig, -sam) aufweisen.
Pronomen: Pronomen ist die Bezeichnung für eine Vielzahl von Wörtern, die stellvertretend für ein Nomen stehen können. Zu ihnen zählen die Personalpronomen (ich, du ...), die Possessivpronomen (mein, dein ...) und die Fragepronomen (wer, welcher ...), die in „Grammatik – kompetent! 5" geübt wurden. Im vorliegenden Band kommen neu die Demonstrativpronomen (dieser, jener ...), die Indefinitpronomen (man, alle ...) und die Relativpronomen (rückbezügliche Pronomen) hinzu. Pronomen sind wie die Nomen veränderbar und werden dekliniert.
Partikeln: Unveränderliche Wörter, die nur eine Wortform haben, heißen Partikeln. Sie bilden die Restgruppe der Wortarten. Zu ihnen gehören die Präpositionen (auf, unter, neben), Bindewörter/Konjunktionen (und, oder, weil) und die Interjektionen (aua, wow, basta).

Hinweis:
Viele Grammatiken zählen die Artikel zur Wortart „Pronomen", andere sprechen von einer eigenen Wortart „Artikel" oder „Begleiter". In „Grammatik – kompetent!" wird der Begriff „Artikel" stets genannt, damit beides möglich ist: Die Artikelwörter als eigene Wortart „Artikel" zu kennzeichnen oder zur Wortart „Pronomen" zu zählen.

Kompetenzen
Die Schülerinnen und Schüler können Verben, Nomen, Adjektive, Pronomen und Partikeln mithilfe von Proben bestimmen.

Die Schülerinnen und Schüler ...
- bestimmen die verschiedenen Wortarten mittels inhaltlicher und formaler Proben.
- können Verben und Adjektive in Nomen umwandeln (Substantivierung).
- erkennen „versteckte" Artikel.
- erkennen trennbare Verben (Verb + Verbzusatz).
- können Adjektive dem zugehörigen Nomen anpassen.
- kennen Personal-, Possessiv-, Demonstrativ-, Indefinit-, Relativ- und Fragepronomen.
- kennen die Partikeln als „Restgruppe" der Wortarten.
- kennen Präpositionen, die einen bestimmten Fall verlangen.
- sammeln Erfahrungen mit dem Passiv (Vorgangspassiv).

Einstieg

Vorbereitung:
- Pro Schülergruppe 5 leere Blechbüchsen, beschriftet mit Nomen, Pronomen, Verben, Adjektive, Partikeln, bereitstellen oder die Büchsen-Bilder (unten) verwenden.
- Cartoon projizieren, Text (unten) hochkopieren.
- Magnetknöpfe und Scheren bereitstellen.

Aufgabe:
- Cartoon gemeinsam lesen, Merkmale der Wortarten plus Proben (Artikelprobe, Sandwichprobe ...) wiederholen, mit dem Lernposter „Die Wortarten" arbeiten.
- Partner-/Gruppenarbeit: Den Text nach Finns Anweisung bearbeiten.
- Abschliessendes Gespräch: Welche Wörter waren schwierig zuzuordnen?

Vom Fluss zum Geschirrspüler

Die Steinzeitmenschen mussten ihre Töpfe im kalten Flusswasser waschen.

Kein Wunder, dass sie es mit dem Abwaschen nicht so genau nahmen.

Im Mittelalter rieben die Menschen schmutziges Geschirr mit Sand ab.

Oder sie verschlangen ihr Essen mitsamt „Teller".

Dieser bestand nämlich aus einer dicken Scheibe Brot.

Im 18. Jahrhundert startete die Seife ihren Siegeszug.

Gespült wurde nun in klapprigen Spültischen. Scherben sollen ja Glück bringen ...

1887 löste Josephine Cochrane dieses Problem: Sie erfand die Spülmaschine.

Selbst abgewaschen hat die reiche Amerikanerin nie.

(nach Lena Ullrich: „PLING. Erfindungen, die das Leben erleichtern",
E-Book, Friedrich Oetinger Verlag, Hamburg 2012)

Name:

Die Wortarten

				Kontrolle
Ich kann Nomen, Verben, Adjektive, Pronomen und Partikeln bestimmen. Ich erkenne Wortverwandtschaften.				
KV 1 Ab in die Wanne!				
KV 2 Wortartentrichter				
KV 3 Reden wie gedruckt				
KV 4 Wortfamilien				
Ich kann Verben und Adjektive in Nomen umwandeln (Substantivierung).				
KV 5 Nomen-Zauberei				
KV 6 Alles Gute wünscht die gute Ute				
KV 7 Verben verwandeln				
Ich erkenne trennbare Verben (Verb mit Verbzusatz).				
KV 8 Verb + Verbzusatz				
KV 9 Abbrechen und einschlafen				
Ich kann Aktiv- und Passiv-Sätze unterscheiden.				
KV 10 Aktiv – Passiv				
Ich erkenne Adjektive und kann die Sandwichprobe anwenden. Ich kann Adjektive dem Geschlecht und dem Fall von Nomen anpassen.				
KV 11 Knuspriges und weiches Brot				
KV 12 Anpassungsfähige Adjektive				
Ich kann Personal-, Possessiv- und Fragepronomen unterscheiden. Ich kenne Demonstrativ-, Indefinit- und Relativpronomen.				
KV 13 Lauter Pronomen!				
KV 14 Der da oder die da?				
KV 15 Alles ist relativ				
Ich kenne Partikeln: Ich erkenne mit Präpositionen verschmolzene Artikel und sammle Erfahrungen mit Präpositionen, die einen bestimmten Fall verlangen.				
KV 16 Versteckte Artikel				
KV 17 Besondere Partikeln: Präpositionen				
KV 18 Verlangen				
Ich kann die gelernten Inhalte spielerisch anwenden.				
KV 19 Wortarten-Spiele				
KV 20 Der verrückte Lückentext				
KV 21 Das Wortfamilien-Spiel				

Ab in die Wanne!

① Wähle für jede Wortart eine Farbe.
Übermale die Wörter im Text passend.

Nomen (Farbe) Artikel (Farbe) Pronomen (Farbe) Verben (Farbe) Adjektive (Farbe) Partikeln (Farbe)

Vom Waschzuber zur Badewanne

Früher teilte sich die ganze Familie der Reihe nach das Badewasser. Die Erwachsenen badeten zuerst, die Kinder mussten warten. Für sie blieb nur eine eklige Schmutzbrühe übrig. Noch 1930 waren die meisten Wohnungen in Deutschland ohne eigenes Badezimmer. Darum mussten die Leute das Wasser in riesigen Töpfen auf dem Herd erwärmen und in Waschzuber kippen. Mehr Glück hatten die Menschen in Mietshäusern mit gemeinsamer Waschkammer. Dort stand in der Regel eine Kupferwanne mit eingebautem Holzofen. Aber auch hier wurde nach einem strengen Zeitplan geplanscht. Dann endlich sorgte der ***Durchlauferhitzer*** dafür, dass auch in den letzten Wohnungen warmes Wasser aus den Leitungen sprudelte.

(nach Lena Ullrich: „PLING. Erfindungen, die das Leben erleichtern",
E-Book, Friedrich Oetinger Verlag, Hamburg 2012)

Was ist ein „Durchlauferhitzer" (siehe im Text oben)? Leite die Bedeutung aus dem Textzusammenhang und aus den Wort-Bausteinen ab.

____

____

② Finde zu den Nomen je ein Adjektiv und ein Verb mit dem gleichen Wortstamm.

Nomen	**Verb**	**Adjektiv**
Glück	glücken	
Schmutz		
Seife		
Wärme		
Erwachsene		
Wasser		

Wortartentrichter

① Ordne die Wörter nach der Wortart.

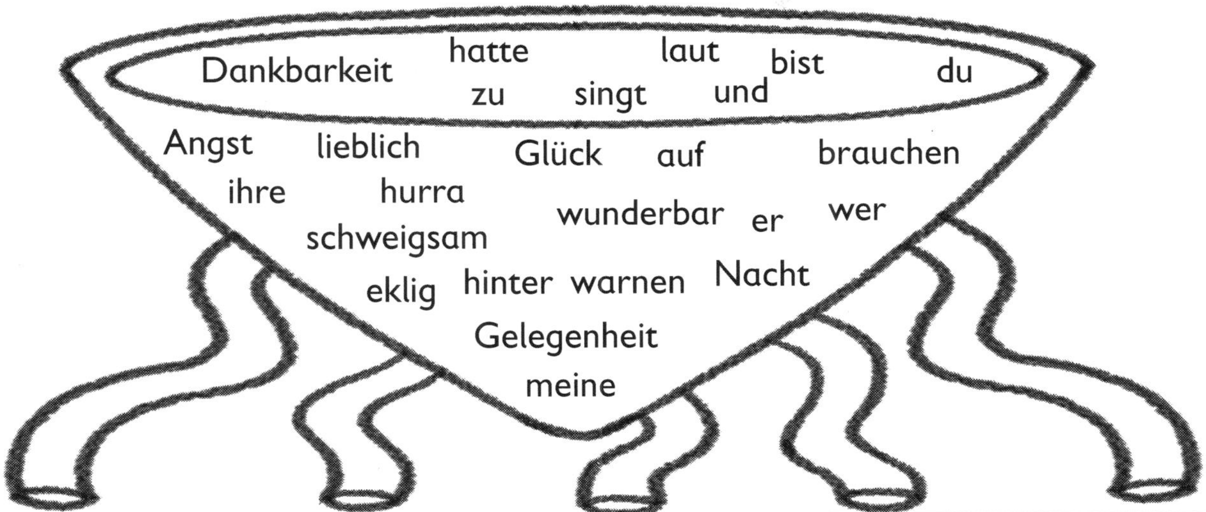

Nomen	**Pronomen**	**Verben**	**Adjektive**	**Partikeln**

② Bestimme die Wortart des markierten Wortes. Begründe deine Entscheidung.

Wo ist mein Grammatik-Buch? → Wortart: Nomen

Begründung: Das Wort hat einen Artikel „das". Man schreibt es GROSS.

Der alte Mann ist müde. → Wortart: ______

Begründung: ______

______

Ihr Handy liegt unter dem Sofa. → Wortart: ______

Begründung: ______

______

Reden wie gedruckt

① Lies den Text über die Erfindung des Buchdrucks.
Markiere die Wortarten mit verschiedenen Farben.

DER BUCHDRUCK IST EIN MECHANISCHER PROZESS, BEI DEM SCHRIFTEN UND BILDER VON EINER VORLAGE AUF EBENE FLÄCHEN ÜBERTRAGEN UND VERVIELFÄLTIGT WERDEN. AUF DIESE WEISE KANN MAN WERKE IN GROSSER STÜCKZAHL HERSTELLEN. DER ERFINDFER DES MODERNEN BUCHDRUCKS IST JOHANNES GUTENBERG. ER ENTWICKELTE IM 15. JAHRHUNDERT AUSWECHSELBARE LETTERN (= BUCHSTABEN) UND EINE DRUCKERPRESSE. DAMIT DRUCKTE ER SEINE BERÜHMTE GUTENBERG-BIBEL. GUTENBERGS ERFINDUNG VERÄNDERTE DIE WELT. ZUVOR WAR ES NÄMLICH DIE AUFGABE DER MÖNCHE IN DEN KLÖSTERN, BÜCHER VON HAND ABZUSCHREIBEN UND ZU VERVIELFÄLTIGEN. DAS WAR EINE LANGWIERIGE UND TEURE ANGELEGENHEIT!

② Bestimme die Wortart des markierten Wortes. Begründe.

Er lacht laut. → Wortart: ______________________________

Begründung: ______________________________

____

Ich brauche eine Pause. → Wortart: ______________________________

Begründung: ______________________________

____

Das ist eine Verwechslung! → Wortart: ______________________________

Begründung: ______________________________

____

Wortfamilien

① a) Finde Nomen, Verben und Adjektive mit dem gleichen Wortstamm.

b) Notiere in den untersten drei Kastenreihen eigene Beispiele.

Nomen	**Verb**	**Adjektiv**
		gesanglich
	wirken	
Ruhe		
	trösten	
		brennbar
Sauberkeit		
	(ver)faulen	
	glauben	
		musikalisch

Welches sind typische Endungen für Nomen und Adjektive?
Tipp: Sieh auch oben in der Tabelle nach.

Nomen	**Adjektive**
-keit	

Nomen-Zauberei

① a) Markiere die Verben und Adjektive mit zwei verschiedenen Farben.

b) Bilde Nomen mithilfe der typischen Nomen-Endungen.

	Endungen	**Nomen**
erfinden	**-heit** **-keit** **-ung** **-ling** **-schaft** **-nis** **-tum** **-erei**	
wissen		
geheim		
fremd		
reich		
leiten		
berühmt		
pünktlich		
rechnen		
übel		
selten		
schaden		

Vervollständige die Tabelle mit zwei Adjektiven und zwei Verben.

Alles Gute wünscht die gute Ute

Adjektive werden zu Nomen, …
- wenn sie allein mit dem Artikel stehen → Das Wichtige ist … / Ein Kluger erklärt.
- wenn sie nach folgenden Wörtern (Indefinitpronomen) stehen: alles, viel, etwas, nichts, wenig.
  → alles Gute, viel Schönes, etwas Witziges

① Adjektiv oder Nomen? Übermale den richtigen Buchstaben.

Sie ist ein (K/k)luger Mensch. Der (K/k)lügere gibt nach! Das ist ein (K/k)luger Entscheid. Dabei kommt nichts (K/k)luges heraus! Er sagte etwas sehr (K/k)luges.
Ich ahne nichts (G/g)utes. In dieser Idee steckt viel (G/g)utes. Das ist ein (G/g)utes Zeichen. Alles (G/g)ute zum Geburtstag! Ich wünsche dir (G/g)ute Besserung.
Ihre Familie wohnt in einem (Sch/sch)önen Haus. Gute Freunde sind etwas sehr (Sch/sch)önes. Er hat wenig (Sch/sch)önes erlebt. Du hast (Sch/sch)öne Augen.
Das finde ich gar nicht (W/w)itzig. Ich kann da nichts (W/w)itziges entdecken. Den (W/w)itzigen Spruch wirst du lieben. Ich will keine (W/w)itzigen Sprüche hören.
Du hast eine F/fantasievolle Geschichte geschrieben. Mich beeindruckt das (F/f)antasievolle daran. Etwas F/fantasievolles zu schreiben, finde ich schwierig.

② Bilde Sätze: Gebrauche das Wort einmal als Adjektiv und einmal als Nomen.

toll → Die tolle Rednerin begeisterte ihr Publikum.

→ Das Tolle war, dass sie gut reden konnte.

mutig → ______

→ ______

schnell → ______

→ ______

gefährlich → ______

→ ______

Verben verwandeln

Verben werden zu Nomen, …
- wenn sie allein mit einem Artikel stehen: singen → das Singen, essen → das Essen
- wenn sie nach Präpositionen stehen, die mit dem Artikel verschmolzen sind:
  beim Turnen → bei dem Turnen, fürs Schwimmen → für das Schwimmen

① Verb oder Nomen? Übermale den richtigen Buchstaben.

Beim (S/s)ingen hat Finn oft die Augen geschlossen. Finn will andauernd (S/s)ingen. Li kann wunderbar (T/t)anzen. Zum (T/t)anzen braucht sie die passende Musik. Willst du mit mir (T/t)anzen? Um richtig gut zu (T/t)anzen, braucht man viel Übung. Pfeifst du beim (G/g)ehen? Tschüss, ich muss (G/g)ehen. Wohin (G/g)ehen wir? Heute darf ich im Laden (H/h)elfen. Fürs (H/h)elfen bekomme ich einen Lohn. Mo wird das Mittagessen (K/k)ochen. Finn will nie (K/k)ochen. Das (K/k)ochen liegt ihm nicht. Mo kann sich beim (K/k)ochen gut entspannen. Komm, wir (K/k)ochen! Ich kann immer (Sch/sch)lafen. Zum (Sch/sch)lafen braucht er Ohrenstöpsel. Es nervt, lange zu (W/w)arten. Danke fürs (W/w)arten. Du musst nicht auf mich (W/w)arten. Das (W/w)arten nimmt kein Ende. Ich habe genug vom (W/w)arten. Fürs (E/e)inkaufen brauche ich noch Geld. Mir macht das (E/e)inkaufen Freude. Ich muss schnell Brot (E/e)inkaufen. Mist, ich habe beim (E/e)inkaufen etwas vergessen!

② Wandle die Sätze um: Bilde aus den markierten Verben Nomen.

Es ist verboten, den Rasen zu **betreten**. → Das Betreten des Rasens ist verboten.

Es ist wichtig, dass du **übst**. → Das ______

Er schnarcht, wenn er **schläft**. → Beim ______

Wenn ich **esse**, trinke ich immer Tee. → Zum ______

Danke, dass du mich **mitnimmst**! → Danke fürs ______

Ich finde es schön, wie du **lächelst**. → Dein ______

Erfinde fünf eigene Beispielsätze. Schreibe auf die Blattrückseite.

Verb + Verbzusatz

Manche Verben haben einen abtrennbaren Verbzusatz,
zum Beispiel: abwaschen → ich wasche ab
zuschauen → ich schaue zu
Verb + Verbzusatz

① Markiere das Verb und den Verbzusatz farbig. Schreibe die Infinitiv-Form auf.

Li führt ihr neues Kleid vor. → ______

Finn hält der Lehrerin die Türe auf. → ______

Mo sucht sich einen Kuchen aus. → ______

Polternd fällt ein Stuhl um. → ______

Hört gut zu und schreibt alles auf! → ______

Mach mir nicht immer alles nach! → ______

Holt ihr mich nach der Schule ab? → ______

Lege den Stift hin und sieh zur Tafel! → ______

② Bilde Sätze mit Verb + Verbzusatz. Markiere die Verben mit Farbe.

aufhören: Hör bitte auf.

losrennen: ______

auslachen: ______

herumbrüllen: ______

aufbauen: ______

umsteigen: ______

nachkommen: ______

teilnehmen: ______

Abbrechen und einschlafen

① Finde möglichst viele trennbare Verben mit diesen Verbzusätzen.
Kontrolliere im Kopf, ob sie auch wirklich trennbar sind, schreibe sie dann in dein Heft oder auf die Rückseite des Blattes.

auf-	zu-	vor-	los-	ab-	vorbei-
an-	ein-	aus-	mit-	weg-	bei-

② a) Welche dieser Verben sind trennbar? Markiere sie.

b) Wähle zwei trennbare Verben aus und schreibe einen Satz.

ausmalen | bemalen | verstecken | durchstreichen | unterschreiben
missverstehen | losheulen | nachsprechen | besuchen | vorbeirennen

____

____

③ Markiere alle Verben im Text. Denke auch an die Verbzusätze!

Li passt auf ihren vierjährigen Bruder Yuuki auf. Die beiden essen zu Abend. „Iss dein Brot auf!“, mahnt Li ihren kleinen Bruder. Yuuki kaut langsam. Konzentriert pickt er mit dem Finger die Brotkrümel auf. Er beeilt sich nicht, denn er will noch nicht ins Bett gehen. Endlich ist Yuuki fertig. „Zuerst putzt du dir die Zähne und dann ziehst du den Pyjama an“, sagt Li und räumt den Tisch ab.
Yuuki erledigt brav, was ihm die ältere Schwester gesagt hat. Er schlüpft ins Bett und ruft: „Li, ich bin fertig! Erzählst du mir jetzt eine Gute-Nacht-Geschichte?“
Li kommt in Yuukis Zimmer. Sie holt das Märchenbuch vom Regal und schlägt es auf. Dann liest sie die Geschichte von Rotkäppchen vor. Yuuki mag dieses Märchen, er hört interessiert zu. Am Schluss klappt Li das Buch zu und singt dem kleinen Bruder ein Gute-Nacht-Lied vor. Yuuki umarmt Li. „Du bist die beste Schwester!“, flüstert er ihr ins Ohr. Er macht die Augen zu und schläft zufrieden ein.

Aktiv – Passiv

- **Das Aktiv** gebraucht man, wenn man die handelnde Person benennen will. Die handelnde Person ist Subjekt: Ich flicke den Reifen. → Wer flickt? → Subjekt: ich
- **Das Passiv** gebraucht man, wenn man die Situation von der betroffenen Seite darstellen will. Das Objekt des Aktiv-Satzes wird zum Subjekt:
  Der Reifen wird geflickt. → Wer oder was wird geflickt? → Subjekt: der Reifen

① a) Aktiv oder Passiv? Kreuze an.

	Aktiv	Passiv
Mo krault seinen Hund.		
Der Hund wird von Mo gekrault.		
Die Gebrauchsanleitung wird von Finn gelesen.		
Finn liest die Gebrauchsanleitung.		
Li übt einen neuen Tanzschritt.		
Sie wird vor Publikum vortanzen.		
Halt, dieses Kostüm wurde noch nicht gewaschen!		
Der Lehrer verteilt die Hefte.		
Der beste Aufsatz wurde von Finn geschrieben.		
Die Fahrkarten werden vom Schaffner geknipst.		
Unser Rasen wird immer von Opa gemäht.		
Li schleppt eine schwere Sporttasche.		

b) Mach aus den letzten vier Aktivsätzen Passivsätze und umgekehrt. Schreibe auf.

② Bilde Sätze.

eine Tasche tragen
Aktiv: Die Frau trägt ...
Passiv: Die Tasche wird ...

ein Fenster öffnen
Aktiv: ____________________
Passiv: ____________________

Aufgaben lösen:
Aktiv: ____________________
Passiv: ____________________

Knuspriges und weiches Brot

① Markiere im Text die Adjektive. Findest du alle 12?

Vom Brot zum Radiergummi
Bis zum 18. Jahrhundert rubbelten die Menschen unliebsame Bleistiftstriche mit weichem Brot weg. Das war gar nicht dumm, denn der dunkle Abrieb der Bleistiftmine haftet nur an der Oberfläche des Papiers. Ein kleiner Wisch mit fluffigem Brot putzt fast alles weg. Der Nachteil: Gebäck trocknet an der Luft schnell aus und wird hart und unbrauchbar. Welch eine Verschwendung von Lebensmitteln! Im Jahr 1770 entdeckte der Engländer Edward Nairne durch Zufall den Radiergummi. Konzentriert arbeitete er an einer Bleistiftskizze und tastete blind nach einem Kügelchen Brot. Stattdessen bekam er Kautschuk zu fassen. Was für ein glücklicher Fehlgriff!
(nach Lena Ullrich: „PLING. Erfindungen, die das Leben erleichtern", E-Book, Friedrich Oetinger Verlag, Hamburg 2012)

② Schreibe aus dem Text die ersten sechs Adjektive heraus und steigere sie.

unliebsam, unliebsamer, am unliebsamsten

③ Mache mit den restlichen Adjektiven des Textes die Sandwichprobe.

das schnelle Sandwich

Finde typische Adjektiv-Endungen und passende Adjektive dazu.
Schreibe auf die Blattrückseite.
Beispiel: -sam: unliebsam, grausam, einsam

Anpassungsfähige Adjektive

① Passe die Adjektive an.

Im Ofen brutzelt ein ________________ (merkwürdig) Ding. / Finn tüftelt ____________ (voll) Eifer an einer ________________ (neu) Erfindung. / Vorsicht mit den ________________ (hellrot) Kabeln. / Es wäre eine ________________ (echt) Katastrophe! / Finns ________________ (gelb) Schutzhelm ist Weltklasse! / Er fragt, ob die ________________ (gestreift) Hose zu dem ________________ (gepunktet) T-Shirt passt. / So eine ________________ (komisch) Frage! / Ein Freund meines ________________ (klein) Bruders hat ________________ (grün) Haare. / Das ist auch so ein ________________ (verrückt) Kerl! / Am ________________ (nächste) Kiosk gibt es die ________________ (beste) Pommes der ________________ (ganz) Stadt!

② Lies dir die Sätze von ① nach der Korrektur halblaut vor und achte auf die Endungen. Trainiere so dein Sprachgefühl!

③ Mache den Text anschaulicher, indem du passende Adjektive vor die Nomen setzt. Schreibe in dein Heft oder auf die Blattrückseite.

Alle Jahre findet in der Schweiz die „Internationale Messe für Erfindungen" statt. Das Publikum kann hier Erfindungen und Ideen entdecken. Die Messe ist ein Treffpunkt für Tüftler, Firmen und Presse. 55 Preise werden verliehen. Das ist für Erfinder eine Gelegenheit, ihre Produkte in Szene zu setzen.

Lauter Pronomen!

Personalpronomen ersetzen Nomen: ich, du, er, sie, es, mir, mich …

① Ersetze die markierten Wörter durch **Personalpronomen**.

~~Seine Eltern~~ ______ sind nett. Wo ist ~~Finns Mutter~~ ______? Li denkt an ~~den hübschen Jungen~~ ______. Gibst du ~~der Lehrerin~~ ______ den Brief? ~~Meine Schwestern und ich~~ ______ gehen schwimmen. ~~Gekicher~~ ______ war zu hören. ~~Finns und Mos~~ ______ Baumhaus ist ein Endlos-Projekt. Wie geht es ~~deinem Bruder~~ ______? Alles Gute für ~~dich und deine Familie~~ ______! Bei ~~mir und meinen Eltern~~ ______ ist alles bestens.

② Trage die passenden **Possessivpronomen** ein (to possess → engl. = besitzen).

Possessivpronomen drücken aus, wem etwas gehört: mein, dein, unser, euer …

	der Hut	**die Mütze**	**das Shirt**
Das ist …	mein Hut		
Du trägst …		deine Mütze	
Er verliert …			sein Shirt
Sie wäscht …			
Wir tauschen …			
Ihr verleiht …			
Sie lieben …			

③ Markiere alle Pronomen.

Fragepronomen sind: Wer? Wen? Wessen? Welcher?

„Wo bist du gewesen?“, fragt Mos Mutter, als er heimkommt. „Ich war bei Li. Wir haben Hausaufgaben gemacht. Sie hat mir geholfen.“
„Bei wem warst du? Bei Li? Ach so, bei ihr! Ja, das ist schon in Ordnung, wenn ihr gemeinsam lernt. Aber gib mir vorher kurz Bescheid. Nun zeig mir mal dein Heft. Welche Aufgabe fandest du denn schwierig?“, fragt die Mutter.
„Eigentlich keine, ich wollte nur mit Li zusammen sein!“, antwortet Mo mit roten Ohren.

Der da oder die da?

① Markiere die **Demonstrativpronomen**.

Carmen: „Schau, die da ist meine Mutter."

Nuria: „Diese im roten Mantel? Oder diejenige, die da am Eingang steht? Oder die da?"

Carmen: „Nein, diejenige da im roten Mantel. Die neben dem schlanken Mann mit den blonden Haaren steht. Schau doch, diese da!"

Nuria: „Hey, wir klingen wie die Fanta4! Die sind so cool! Kennst du ihr Lied *Ist es die da, die da oder die da?*"

Carmen: „Nein, kenne ich nicht … Aber sieh mal zu den Jungs dort hinten. Der mit dem netten Lächeln hat mir eben zugezwinkert!"

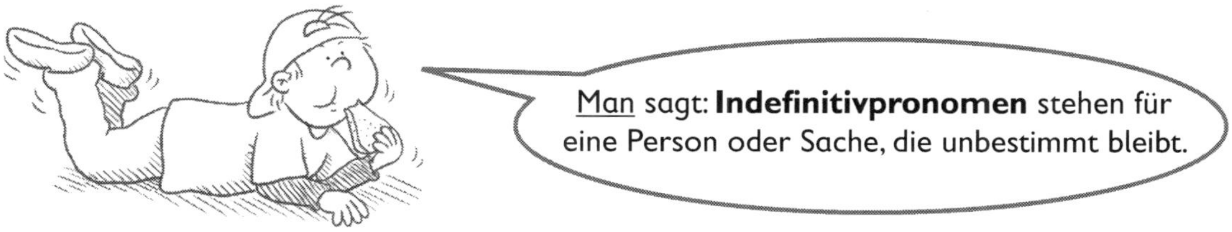

② Setze passende **Indefinitpronomen** (= unbestimmte Pronomen) ein.

nichts | alles | man | niemand | jeder | etwas

manche | kein | alle | mehrere | jemand

Das kann nur ____________ Gutes bedeuten! / ____________ sagt, dass Liebe durch den Magen geht! / ____________ kann alles wissen. / Hat ____________ ein Taschentuch für mich? / ____________ mögen es gruselig. / ____________ Schwein ruft mich an! / Dafür kann ich ____________! / Es handelt sich um ____________ Personen. / Hier reden ____________ fröhlich durcheinander. / Leider war nicht ____________ zu verstehen. / Die Lehrerin möchte, dass ____________ sich meldet.

Alles ist relativ

(1) Worauf beziehen sich die **Relativpronomen**? Zeichne die Pfeile ein.

Die Tasche gehört der Frau, **die** eben noch hier war.

Das sind jene Turnschuhe, **welche** Roger Federer im entscheidenden Match trug.

Mein kleiner Bruder, **der** immer alles besser kann als ich, ist bei den Pfadfindern.

Ich verrate dir etwas, **was** dich brennend interessieren wird.

Der Lehrer, **dessen** Unterricht immer so anstrengend ist, ist heute krank.

Erfinde eigene Sätze mit Relativpronomen. Schreibe sie auf.

(2) Finde die **Relativpronomen**. Markiere sie und setze die Pfeile.

Dort drüben ist der Mann, dem der tolle Rennwagen gehört.

Die Frau, die das Schwimmtraining abhält, studiert an der Uni Sport.

An dem Baum im Garten, den Opa aus Asien mitbrachte, wachsen lustige Früchte.

Über die vielen Abenteuer, welche er unterwegs erlebt hat, kann man nur staunen.

Selbstverständlich ist alles, was er erzählt, kein bisschen gelogen.

(3) Setze passende **Relativpronomen** ein.

Sogar Finn, _________ sonst immer alles versteht, verstand die Welt nicht mehr!

Das ist das schönste Geschenk, _________ ich jemals bekommen habe!

Schau in die Schachtel, _________ ich dir mitgebracht habe.

Li, _________ Mutter aus Japan stammt, spricht perfekt Deutsch und Japanisch.

Es gefällt mir wirklich gut, _________ ich hier sehe!

Im Schaufenster an der Ecke hängt der Pulli, _________ ich so toll finde.

Versteckte Artikel

① Hier sind Partikeln und Artikel miteinander verschmolzen (= „versteckte" Artikel). Trenne sie und markiere sie verschieden.

beim Bauer →	bei dem Bauer	am Wegrand →	________
zum Bahnhof →	________	im Zug →	________
zur Schule →	________	vom Nachbar →	________
ans Wasser →	________	ins Haus →	________

② a) Markiere alle Nomen, Verben, Adjektive, Pronomen und Artikel. Nimm für jede Wortart eine andere Farbe.

b) Die Restgruppe der Wortarten nennt man Partikeln. Markiere auch sie.

c) Findest du die 10 „versteckten" Artikel? Unterstreiche sie.

Vom Puder zur Seife

Der französische König Ludwig XIV. soll nur zwei Mal im Leben gebadet haben. Im 17. Jahrhundert glaubten die Menschen nämlich, Wasser sei Gift. Die Pest schlummere darin und schlüpfe ihren Opfern beim Waschen in die Poren. Von wegen! Erst seine Wasserscheu machte Europa zum Paradies für Parasiten! Anstatt zu baden, verlegten sich die stinkreichen Leute aufs Pudern und Parfümieren. Dabei hatten die alten Sumerer bereits 3000 Jahre zuvor die Seife erfunden. Aber erst im 19. Jahrhundert verhalf ihr der Biologe Louis Pasteur zur Wiederentdeckung: Er erkannte, dass Krankheiten von Bakterien übertragen werden. Von da an durfte die Seife beim Baden und Waschen nicht mehr fehlen.

(nach Lena Ullrich: „PLING. Erfindungen, die das Leben erleichtern", E-Book, Friedrich Oetinger Verlag, Hamburg 2012)

Besondere Partikeln: Präpositionen

① Präpositionen sind Partikeln. Sie können örtliche oder zeitliche Verhältnisse ausdrücken. Ordne zu.

auf dem Tisch | **hinter** dem Bett | **über** dem Kopf | **unter** dem Schuh | **vor** meinen Augen | **vor** Kurzem | **bis** heute | **seit** den Ferien | **um** 0 Uhr | **ab** jetzt | **in** seiner Kindheit | **während** des Unterrichts | **in** der Schule | **neben** dem Fenster

Präpositionen des Ortes (lokal)	Präpositionen der Zeit (temporal)

② Bilde mit den folgenden Präpositionen je einen Satz.

Präpositionen der Art und Weise (modal):

ohne ____________________

mit ____________________

aus ____________________

Präpositionen, die einen Zusammenhang ausdrücken (kausal):

wegen ____________________

trotz ____________________

dank ____________________

Verlangen

① Einige Verben sind fest mit einer Präposition verbunden. Welche Präposition passt? Setze ein.

über | vor | an | über | nach | für | von | an | für | mit | auf

Wir diskutieren _______ ein wichtiges Thema. Die kleine Paula ängstigt sich _______ Monstern. Mo denkt _______ Li. Li träumt _______ Mo. Finn interessiert sich _______ Meerestiere. Die Oma fragt _______ ihm. Ich ärgere mich _______ blöde Sprüche. Ich dank dir _______ deine Hilfe. Befassen wir uns _______ Wichtigerem. Glaubst du _______ Horoskope? Hör _______ deine Mutter!

② Manche Präpositionen verlangen einen bestimmten Fall. Mach die Frageprobe oder die Eselprobe und bestimme den Fall.

	Frageprobe / Eselprobe	N	A	D	G
für meine Mutter	Für wen? / Für den Esel		X		
während des Mittagessens					
ohne Entschuldigung					
bei Nacht und Nebel					
nach der Schule					
durch den Wald					
gegen die Strömung					
wegen des Lärms					
inmitten des Trubels					
um Ulm herum					
mit Freunden					

Wortarten-Spiele

Das Stadt-Land-Fluss-Spiel

Spielt zu dritt oder zu viert. Ein Spieler sagt leise das Alphabet auf, ein zweiter sagt: „Stop!“ Der Buchstabe wird laut genannt und jeder trägt nun für sich ein Nomen, ein Verb, ein Adjektiv und eine Partikel in seinen Spielplan ein. Wenn alle fertig sind, lest ihr einander reihum die Wörter vor und kontrolliert, ob die Wortart stimmt. Für Wörter, die nur einmal notiert wurden, gibt es 10 Punkte. Für Wörter, die von mehreren Spielern aufgeschrieben wurden, erhält man 5 Punkte. Addiert eure Punkte und tragt sie ein. Nach fünf Durchgängen wird das TOTAL zusammengezählt. Wer am meisten Punkte hat, gewinnt.

Abc	Nomen	Verb	Adjektiv	Partikel	Punkte
				TOTAL:	

Wortarten-King und Wortarten-Queen

Ihr braucht: eine 3-Minuten-Sanduhr oder eine Eieruhr

Spielt zu dritt oder viert. Vereinbart eine Wortart (zum Beispiel „Nomen“) und einen Buchstaben (zum Beispiel „F“). Auf „Los!“ dreht ihr die Sanduhr um. Jeder schreibt nun möglichst viele Wörter auf, die zur vereinbarten Wortart gehören und mit dem gewählten Buchstaben beginnen. Wenn die Zeit abgelaufen ist, muss das Schreibzeug sofort weggelegt werden. Lest einander die Wörter vor und kontrolliert eure Ergebnisse. Kommt ein Wort in der Runde mehrmals vor, erhält man dafür einen Punkt. Für ein Wort, das nur von einem einzigen Spieler notiert wurde, gibt es 3 Punkte. Zählt zusammen. Wer erhält die meisten Punkte in diesem Durchgang? Wer ist King? Wer ist Queen?

Der verrückte Lückentext

Bitte ein anderes Kind, dir einzelne, ganz verschiedene Adjektive zu nennen. Diese setzt du der Reihe nach in die Lücken ein. Passe die Adjektive so an, dass der Satz grammatisch korrekt wird. Lies dann den Text laut vor. Meistens ist es lustig, weil die Adjektive überhaupt nicht passen!

Schneewittchen

Es war einmal ein ____________________ Mädchen, das hatte eine sehr ____________________ Stiefmutter. Diese war so ____________________, dass sie dem Jäger befahl, das Mädchen umzubringen. Der Jäger führte Schneewittchen fort, brachte die ____________________ Tat aber nicht übers Herz. Schneewittchen lief in den ____________________ Wald hinein und entdeckte dort ein ____________________ Häuschen, in dem die sieben Zwerge wohnten. Die Zwerge waren stets ____________________ und ____________________. Sie freuten sich, dass das ____________________ Schneewittchen nun bei ihnen lebte und ihnen den Haushalt führte. Sie warnten das Mädchen aber auch, sich vor der ____________________ Stiefmutter zu hüten. Tatsächlich klopfte die ____________________ Stiefmutter eines Tages an die ____________________ Tür. Sie war als ____________________ Krämerin verkleidet und schenkte dem ____________________ Schneewittchen einen ____________________ Apfel. Kaum hatte Schneewittchen hineingebissen, da fiel sie um und blieb reglos liegen. Die sieben Zwerge waren sehr ____________________. Sie zimmerten ihrem ____________________ Schneewittchen einen ____________________ Sarg und bewachten es Tag und Nacht. Eines Morgens kam ein ____________________ Prinz auf einem ____________________ Pferd angeritten. Sofort verliebte er sich in das ____________________ Schneewittchen und befahl seinen ____________________ Dienern, den Sarg in sein ____________________ Schloss zu tragen. Da geschah es, dass einer der ____________________ Diener stolperte. Schneewittchens Sarg wurde durchgeschüttelt. Das ____________________ Apfelstückchen sprang aus Schneewittchens Hals und sie erwachte. Der Prinz und Schneewittchen heirateten und lebten für immer ____________________ und ____________________.

Das Wortfamilien-Spiel

Spielt in einer Dreier- oder Vierergruppe. Übertragt die Tabelle auf ein Blatt Papier. Einigt euch auf einen Wortstamm und verabredet eine Spielzeit. Auf „Los!" beginnt jeder für sich, Wörter mit dem verabredeten Wortstamm zu sammeln und der passenden Wortart zuzuordnen. Wenn die verabredete Zeit abgelaufen ist, legt ihr den Stift beiseite.
Lest einander die Wörter vor. Existieren alle diese Wörter? Sind sie korrekt zugeordnet? Für jedes richtige Wort gibt es einen Punkt. Wurde das Wort nur von einem einzigen Spieler notiert, gibt es noch einen Extrapunkt obendrauf. Wer erzielt die meisten Punkte?

Wortstamm: ____________________

Nomen	**Verben**	**Adjektive**

fahr, trink, bau, faul, brat, les, lach, koch, turn, ess, kreis, schlaf, küss, lieb, werk, eck, eck, glück, wohn, kind, blick, spiel

Das Wichtigste in Kürze

Mit der Zeitform **Präsens** wird in der Regel gesagt, dass etwas in der **Gegenwart** geschieht. Man kann das Präsens auch verwenden, um über etwas Zukünftiges oder Vergangenes zu berichten: Morgen gehe ich zum Zahnarzt. (Zukünftiges) Da will ich gestern über die Straße und da rauscht ein Auto ganz nah an mir vorbei! (Vergangenes)
Das **Präteritum** wird verwendet, wenn etwas in der **Vergangenheit vollständig abgeschlossen** ist und nicht in die Gegenwart hineinreicht. Beim **schriftlichen Erzählen** wird oft das Präteritum gebraucht. Es waren einst zwei Geschwister.
Das **Perfekt** verwendet man für eine Handlung in der **Vergangenheit, die in die Gegenwart** hineinreicht. **Im mündlichen Gebrauch benutzen wir das Perfekt sehr häufig. Das Perfekt bildet man mit der Präsensform der Hilfsverben sein** und **haben** und dem **Partizip II (Partizip Perfekt)** des Vollverbs. Ich habe gestern etwas Schönes erlebt. (→ Ich bin deshalb immer noch fröhlich.) Du bist gestolpert. (→ Deshalb tut dir jetzt der Fuß weh.)
Das **Plusquamperfekt** drückt aus, dass eine **Handlung in der Vergangenheit** *vor* **einer anderen Handlung passiert ist**. Darum heißt das Plusquamperfekt auch **Vor-Vergangenheit**. Es steht selten allein, meist ist es im Satz mit einem Präteritum verknüpft. Das Plusquamperfekt bildet man mit der **Präteritumform der Hilfsverben sein** und **haben** und dem **Partizip II (Partizip Perfekt)** des Vollverbs. Er war tropfnass und fror, weil er ins Wasser gefallen war.
Das **Futur I** verwendet man für ein Geschehen, das in der **Zukunft** liegt. Es wird aus der **Präsensform des Hilfsverbs werden** und dem **Infinitiv** des Vollverbs gebildet. Mit dem Futur I kann man auch eine Vermutung oder eine feste Absicht ausdrücken. Erwin wird morgen in der Bibliothek arbeiten.
Das **Futur II** benutzt man für ein Geschehen, das man in der **Zukunft als bereits abgeschlossen** ansieht. Darum wird das Futur II auch **vollendete Zukunft** genannt. Es wird gebildet aus der **Präsensform des Hilfsverbs werden**, dem **Partizip II (Partizip Perfekt) des Vollverbs** und dem **Infinitiv von sein/haben**. Mit dem Futur II kann ebenfalls eine Vermutung ausgedrückt werden. Um diese Zeit werde ich alle Hefteinträge korrigiert haben. Der Ring wird unter das Sofa gerollt sein.

Kompetenzen
Die Schülerinnen und Schüler kennen die Zeitformen Präsens, Präteritum, Perfekt, Plusquamperfekt und Futur I und sammeln Erfahrungen mit dem Futur II.

Die Schülerinnen und Schüler ...
- kennen die Begriffe Voll-, Hilfs- und Modalverb, regelmäßiges und unregelmäßiges Verb.
- kennen die Zeitstufen Gegenwart, Vergangenheit und Zukunft.
- kennen die Zeitformen Präsens, Präteritum, Perfekt, Plusquamperfekt und Futur I und können sie anwenden.
- wissen, dass Präsens und Perfekt sowie Präteritum und Plusquamperfekt zusammen verwendet werden.
- sammeln erste Erfahrungen mit dem Futur II.

Einstieg

Vorbereitung:
- Grafik/Wort-/Satz-/Bildkärtchen vergrößert kopieren und ausschneiden.

Aufgabe 1:
- Zeitstrahl verteilen und gemeinsam besprechen.
- Grammatische Zeiten wiederholen und den Li-Sätzen zuordnen (Kärtchen „Grammatische Zeiten“ ausschneiden und auf Li-Sätze legen lassen).
- Einzel-, Partner-, Kleingruppenarbeit: Li-Bild mit dem Mo-Bild belegen, Mo-Beispielsätze den grammatischen Zeiten zuordnen (Mo-Kärtchen auf die Kärtchen „Grammatische Zeiten“ legen lassen), anschließend mit Finn-Bild und -Sätzen ebenso verfahren.

Aufgabe 2:
- Den Gebrauch von Präsens mit Perfekt und Präteritum mit Plusquamperfekt einführen bzw. wiederholen. Beispielsätze: Li schwitzt, weil sie getanzt hat. Li schwitzte, weil sie getanzt hatte. Zeitstrahl nutzen, Doppelpfeile Präsens ⟷ Perfekt, Präteritum ⟷ Plusquamperfekt einzeichnen.

Aufgabe 3:
- „Futur II-Beispielsätze“ besprechen, das Futur II als grammatische Zeit für eine abgeschlossene Handlung in der Zukunft und für Vermutungen neu einführen.
- Wo soll das Futur II (Kärtchen) auf dem Zeitstrahl platziert werden?

Zeitstrahl

Grammatische Zeiten

Präsens	**Plusquamperfekt**
Präteritum	**Futur I**
Perfekt	

Mo und Finn–Satzkärtchen

Mo wandert.	Mo war gewandert.
Mo wanderte.	Mo wird wandern.
Mo ist gewandert.	

Finn liest.	Finn hatte gelesen.
Finn las.	Finn wird lesen.
Finn hat gelesen.	

Futur II–Beispielsätze

Futur II = vollendete Zukunft	Li wird getanzt haben.	Mo wird gewandert sein.	Finn wird gelesen haben.

Name:

Grammatische Zeiten

				Kontrolle
Ich kenne Präsens, Präteritum, Perfekt, Plusquamperfekt und Futur I und kann Verben in diese Zeiten setzen. Ich kenne Voll-, Hilfs- und Modalverben und (UN)REGELMÄSSIGE Verben.				
KV 1 Voll-Verb!				
KV 2 REGELMÄSSIG UNREGELMÄSSIG?				
KV 3 Durch alle Zeiten und Regeln				
KV 4 Hilfe, Hilfsverben!				
KV 5 Modal- und andere Verben				
Ich kann Präsens mit Perfekt verwenden. Ich kann Präteritum mit Plusquamperfekt verwenden.				
KV 6 Präsens mit Perfekt				
KV 7 Präteritum mit Plusquamperfekt				
KV 8 Verwechslungsgefahr Präteritum				
Ich kenne das Futur II.				
KV 9 Das wird das Futur II gewesen sein …				
KV 10 No future? Doch: Futur I und Futur II!				
Ich kann Verben in verschiedene Zeiten setzen und konjugieren. Ich kann die grammatischen Zeiten erkennen und anwenden.				
KV 11 Fantasiewörter konjugieren				
KV 12 Flink durch alle Zeiten!				
KV 13 Konjugier-Lotto				

- Vollverben bezeichnen eine Tätigkeit, z.B. klettern, schreiben.
- Vollverben kann man in verschiedene Personen und Zeiten setzen. Das nennt man **konjugieren**.

① Konjugiere das Vollverb SCHREIBEN.

Präsens	**Präteritum**	**Perfekt**	**Plusquamperfekt**	**Futur I**
ich schreibe	schrieb			
du				
er/sie/es				
wir				
ihr				
sie				

② Markiere alle Verben (auch Hilfsverben). Kreuze dann die richtige Zeitform an.

	Präs.	Prät.	Perf.	Plusq.	Fu. I
Wir werden keinen Quatsch lernen.					
Die Eltern gingen ins Kino.					
Er war auf dem glatten Boden ausgerutscht.					
Ich helfe gerne.					
Ihr seid einen Marathon gelaufen.					
Wir verstehen kein Wort!					
Du bist vom Fahrrad gefallen.					
Sie hörte ein Rascheln.					
Sie werden immer Freunde bleiben.					
Hast du bereits gegessen?					
Du hattest deine Uhr verlegt.					

REGELMÄSSIG UNREGELMÄSSIG?

① Setze die Verben in die gewünschte Zeit und Person.

② Markiere den Wortstamm.

③ Ist es ein REGELMÄSSIGES (R) oder ein UNREGELMÄSSIGES (U) Verb? Kreuze an.

Verb im Infinitiv	Präteritum 1. Person Singular	Perfekt 1. Person Singular	R	U
suchen	ich suchte	ich habe gesucht		
warten				
werfen				
schwimmen				
pfeifen				
erzählen				
rennen				
singen				
trommeln				
schneiden				
verkaufen				
liegen				
stehen				
wandern				
verlieren				

Finde im Wörterbuch weitere REGELMÄSSIGE und UNREGELMÄSSIGE Verben. Schreibe sie auf die Rückseite des Blattes. Notiere wie oben.

Durch alle Zeiten und Regeln

(1) Setze die Verben in die verschiedenen Zeiten.

(2) Überlege: Ist es ein REGELMÄSSIGES (R) oder ein UNREGELMÄSSIGES (U) Verb? Übermale.

	klatschen R / U	**hören R / U**	**stolpern R / U**
Präsens	er	er	er
Präteritum	er	er	er
Perfekt	er	er	er
Plusquam-perfekt	er	er	er
Futur I	er	er	er

	gehen R / U	**fangen R / U**	**tragen R / U**
Präsens	er	er	er
Präteritum	er	er	er
Perfekt	er	er	er
Plusquam-perfekt	er	er	er
Futur I	er	er	er

	fragen R / U	**bleiben R / U**	**machen R / U**
Präsens	er	er	er
Präteritum	er	er	er
Perfekt	er	er	er
Plusquam-perfekt	er	er	er
Futur I	er	er	er

Hilfe, Hilfsverben!

- SEIN, HABEN, WERDEN sind Hilfsverben, wenn sie Vollverben helfen, verschiedene Zeiten zu bilden.
- SEIN, HABEN, WERDEN können aber auch selbst Vollverben sein: Finn ist clever. Mo hat eine Krise.

Konjugiere die Verben.

SEIN

Präsens	Präteritum	Perfekt	Plusquamperfekt	Futur I
ich bin	war	bin gewesen	war gewesen	werde sein
du bist				
er/sie				
wir				
ihr				
sie				

HABEN

Präsens	Präteritum	Perfekt	Plusquamperfekt	Futur I
ich habe				
du				
er/sie				
wir				
ihr				
sie				

WERDEN

Präsens	Präteritum	Perfekt	Plusquamperfekt	Futur I
ich				
du				
er/sie				
wir				
ihr				
sie				

Modal- und andere Verben

- Modalverben verändern den Inhalt einer Aussage.
- Modalverben verwendet man meist mit dem Infinitiv des Vollverbs.
  Beispiele: Mo muss dringend etwas essen. Finn will studieren.

① Setze die Modalverben in die gewünschte Person und Zeit.

	Präsens	**Präteritum**	**Futur I**
dürfen	du	du	du
können	ihr	ihr	ihr
mögen	sie (alle)	sie (alle)	sie (alle)
müssen	ich	ich	ich
sollen	er	er	er
wollen	wir	wir	wir

② Übermale alle Verben und vervollständige die Tabelle.

	Person	**Grammatische Zeit**
Die Sportlehrerin macht einen Salto.	sie = 1. Person Singular	Präsens
Das wirst du auch bald können.		
Mein Vater und ich sollten die Welt retten.		
Sie hatten ein Geheimnis.		
Es regnete in Strömen.		
Wo warst du gewesen?		
Ich habe dich vermisst.		
Nein, ich wollte dich nicht auf den Arm nehmen.		

Setze alle Sätze von ② ins Präsens. Schreibe auf die Rückseite oder ins Heft.

Präsens mit Perfekt

(1) Bilde aus zwei Sätzen einen **Weil**-Satz.
Benutze Präsens (= passiert jetzt) mit Perfekt (= ist vorher passiert).

Mo stürzt mit dem Fahrrad. / Mo blutet.

Mo blutet, weil er mit dem ... ____________________

Finn sagt etwas Unpassendes. / Li schimpft.

Li ____________________

Finn holt den Verbandskasten. / Li befiehlt es.

____

Li verarztet Mo. / Mo schürft sich das Knie auf.

____

Li hilft. / Mo ist dankbar.

____

Finn schämt sich. / Finn denkt nur an Grammatik.

____

Mo muss grinsen. / Finn schenkt ihm ein Trostbonbon.

____

(2) Setze die Beispielssätze von (1) ins Präteritum. Schreibe sie auf die Blattrückseite.

Bilde aus den zwei Präteritum-Sätzen einen **Weil**-Satz. Benutze Präteritum (= ist bereits passiert) mit Plusquamperfekt (= ist noch davor passiert). Schreibe in dein Heft oder auf die Rückseite des Blattes.

Präteritum mit Plusquamperfekt

① Was geschah zuerst, was danach? Kombiniere Präteritum (Vergangenheit) mit Plusquamperfekt (Vor-Vergangenheit).

Weil Mo und Li im Unterricht miteinander (flüstern) ________________________, (bekommen) ________________________ sie eine Zusatzarbeit. Sie (erledigen) ________________________ die Arbeit sofort, als alle anderen (gehen) ______________ ______________. Nachdem Mo ein Glas Brause (trinken) ________________________, (rülpsen) ________________________ er herzhaft, (lachen) ________________________ und (entschuldigen) ________________________ sich. Li (kichern) ________________, da Mo sie so treuherzig (ansehen) ________________________.

Finn (kreischen) ________________________, weil er von einem bissigen Buch (träumen) ________________________. Nachdem sich Finn von dem Schrecken (erholen) ________________________, (sperren) ________________________ er das Buch in den Schrank und (weiterschlafen) ________________________.

② Markiere die passende Zeit.

	Perfekt	**Plusquamperfekt**
Mo ist patschnass, weil er in den See …	… gefallen ist.	… gefallen war.
Li lachte, weil der Witz lustig …	… gewesen ist.	… gewesen war.
Finn nieste, weil er sich …	… erkältet hat.	… erkältet hatte.
Finn kauft den Comic, den Mo ihm …	… empfohlen hat.	… empfohlen hatte.
Mos Hund war beleidigt, weil sein Körbchen …	… zugemüllt ist.	… zugemüllt war.
Finn gratuliert Mo, weil er die Aufgabe richtig …	… gelöst hat.	… gelöst hatte.
Lis kleiner Bruder weint, weil sein Hamster…	… gestorben ist.	… gestorben war.

Verwechslungsgefahr Präteritum

① Einige Verben ähneln sich zwar im Präteritum, haben aber unterschiedliche Bedeutungen. Kreuze an, was gemeint ist.

	etwas aufhängen	aufgehängt sein
Sie **hängte** die Mütze an die Garderobe.		
Der Fisch **hing** an der Angel.		

	sich erschrecken	jemanden erschrecken
Mein Bruder **erschreckte** uns alle.		
Ich **erschrak**, als es donnerte.		

	etwas fällt	etwas wird gefällt
Der Förster **fällte** den Baum.		
Die Vase **fiel** vom Tisch.		

	etwas schärfen	etwas hinterherziehen
Sie **schleifte** den Kartoffelsack ins Haus.		
Der Scherenschleifer **schliff** das Messer.		

② Setze das passende Verb im Präteritum ein.

hängte oder hing? Das Bild ________________ an der Wand. / Li ______________ ein Poster an ihre Zimmertür. / Mir ______________ das Gemotze zum Hals heraus.

schleifte oder schliff? Der Juwelier ____________________ den Diamanten. / Sie ________________ ihre Fingernägel. / Mo ________________ den Hund zum Tierarzt.

erschreckte oder erschrak? Ein Knall ____________________ mich. / Der Geisterjäger ____________________ den Burgherrn. / Er ____________________.

fällte oder fiel? Ich ________________ hin. / Wer ________________ die alte Eiche im Park? / Finn ____________ Li ins Wort. / Die Richterin ______________ das Urteil.

bewegte oder bewog?

„Bewegte" bedeutet „die Position verändern". „Bewog" bedeutet „veranlassen".

Finn stand still, er _________________ sich nicht. / Was _________________ Mo wohl dazu, Li Blumen zu schenken? / Das Geschenk _________________ Li tief.

Das wird das Futur II gewesen sein …

(1) Was wird mit dem Futur II ausgedrückt? Zwei Aussagen stimmen. Kreuze an.

☐ Eine Vermutung ☐ Der Imperativ (Befehlsform) ☐ Eine Frage

☐ Eine abgeschlossene Handlung in der Zukunft ☐ Der Infinitiv

(2) Wie wird das Futur II gebildet? Vervollständige die Regel.

Ich	werde	die Uni	abgeschlossen		haben.	~~Hilfsverb~~
Er	wird	wohl	gerannt		sein.	Hilfsverben
Regel:	Hilfsverb	+		+		Vollverb
						haben / sein
						werden
						im Infinitiv
						im Präsens
						im Partizip II

(3) Markiere alle **Vermutungen** gelb und alle **abgeschlossenen Handlungen** grün.

Übermorgen werde ich den Test bereits geschrieben haben.

Morgen wird dein Pulli gewaschen sein – versprochen!

Er wird mich wahrscheinlich vergessen haben.

Bald werde ich 14 Jahre alt geworden sein.

Bis zum Abend wird es wohl geregnet haben.

Sie sah den Dieb nicht, es wird sehr dunkel gewesen sein.

Gleich werde ich die Aufgabe erledigt haben.

No future? Doch: Futur I und Futur II

① Futur I oder Futur II?
Kreuze an.

	Futur I	Futur II
Ich werde morgen in die Schule gehen.	X	
Du wirst die ganze Nacht Computerspiele gespielt haben.		
Er wird hellwach gewesen sein.		
Sie werden bis morgens gefeiert haben.		
Um diese Zeit werden wir bereits in Paris gelandet sein.		
Finn wird als Professor arbeiten.		
Li wird in Wien tanzen.		
Mo wird viel Schokolade gekauft haben.		
Die Jugendklubs werden nachmittags geöffnet haben.		
Der Lehrer wird am Wochenende den Test korrigieren.		
Es wird bald dunkel geworden sein.		
	X	
		X
	X	
		X

Erfinde vier passende Sätze und schreibe sie in die Tabelle.

② Setze den Text ins Futur I. Schreibe in dein Heft oder auf ein Blatt.

Morgen hat Mo ein Handballturnier. Es findet in der Turnhalle statt. Mos Eltern und Freunde kommen. Sie feuern Mo an. Vielleicht wirft Li ihm einen Kuss zu? Auf jeden Fall gönnt sich Mo nach dem Turnier eine Rückenmassage. Das tut ihm gut.

Notiere die beiden Sätze im Futur II.

Das Turnier beginnt pünktlich. → ______________________________

Mo ist danach fix und fertig. → ______________________________

Fantasiewörter konjugieren

(1) Überlege dir eine mögliche Bedeutung für die Verben unten und notiere sie.

(2) Konjugiere die Fantasiewörter.

(3) Arbeitet zu zweit und lest einander die konjugierten Verben vor.

brolen (REGELMÄSSIGES Verb), **Bedeutung:** ______________________

Person	**Präsens**	**Präteritum**	**Perfekt**
ich	brole	brolte	habe gebrolt
du			
er/sie/es			
wir			
ihr			
sie (alle)			

flaunzen (REGELMÄSSIGES Verb), **Bedeutung:** ______________________

Person	**Präsens**	**Präteritum**	**Perfekt**
ich			
du			
er/sie/es			
wir			
ihr			
sie (alle)			

ginfen (UNREGELMÄSSIGES Verb), **Bedeutung:** ______________________

Person	**Präsens**	**Präteritum**	**Perfekt**
ich	ginfe	ganf	habe gegunfen
du			
er/sie/es			
wir			
ihr			
sie (alle)			

Flink durch alle Zeiten!

(1) Setze die Präsenssätze in die gewünschte Zeit.

Der Stuhl wackelt. → Plusq.: ______________________________

Unser Nachbar übt Handstand. → Fu. I: ______________________________

Der Pilot verlässt das Flugzeug. → Prät.: ______________________________

Sie schleichen ums Haus. → Perf.: ______________________________

Ihr Gekicher nervt. → Plusq.: ______________________________

Das ist perfekt. → Perf.: ______________________________

Wir lesen den vorletzten Satz. → Prät.: ______________________________

Ich bin genial! → Fu. I: ______________________________

Setze die folgenden Sätze ins Futur II.

Es ist spät geworden. → ______________________________

Sie trinkt Orangensaft. → ______________________________

Sie vergessen uns. → ______________________________

(2) Setze den Text in die Vergangenheit. Schreibe auf die Blattrückseite oder ins Heft.

Nachdem Li nach Hause gekommen ist, legt sie sich aufs Sofa. Sie ist erschöpft, weil sie zwei volle Stunden getanzt hat. Nach einer Weile knurrt ihr der Magen. Li steht auf, geht in die Küche und öffnet den Kühlschrank. Ihre Augen werden riesig: Der Kühlschrank ist randvoll mit Leckereien, die ihre Mutter extra für sie gekauft hat! Li nimmt sich ein Joghurt und gibt der Mutter, die gerade in die Küche gekommen ist, einen dicken Kuss.

Konjugier-Lotto

Spielt zu zweit, zu dritt oder zu viert. Ihr braucht einen Spielplan für jeden Spieler und einen Satz Spielkarten für eure Gruppe. Schneidet die Karten aus und legt sie verdeckt auf einen Stapel. Der erste Spieler zieht eine Karte, liest sie vor und legt sie auf das passende Feld im Spielplan. Die Mitspieler denken mit und überprüfen. Dann zieht der nächste Spieler eine Karte. Wer hat seinen Spielplan am schnellsten gefüllt?

Dein Spielplan

Infinitiv		Partizip II
Präsens	Präteritum	Perfekt
Plusquamperfekt	Futur I	Futur II

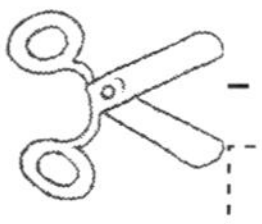

beginnen	begonnen	ich beginne	ich begann
ich habe begonnen	ich hatte begonnen	ich werde beginnen	ich werde begonnen haben
laufen	gelaufen	er läuft	er lief
er ist gelaufen	er war gelaufen	er wird laufen	er wird gelaufen sein
aufwachen	aufgewacht	sie wachen auf	sie wachten auf
sie sind aufgewacht	sie waren aufgewacht	sie werden aufwachen	sie werden aufgewacht sein
überlegen	überlegt	wir überlegen	wir überlegten
wir haben überlegt	wir hatten überlegt	wir werden überlegen	wir werden überlegt haben
lachen	gelacht	ihr lacht	ihr lachtet
ihr habt gelacht	ihr hattet gelacht	ihr werdet lachen	ihr werdet gelacht haben
gewinnen	gewonnen	du gewinnst	du gewannst
du hast gewonnen	du hattest gewonnen	du wirst gewinnen	du wirst gewonnen haben

Das Wichtigste in Kürze

Ein Satz besteht aus zwei oder mehr Wörtern und transportiert eine Sinn- und Redeeinheit.
Die Satzzeichen Punkt, Ausrufe-, Fragezeichen, Doppelpunkt und Redezeichen markieren, um welche **Satzart** es sich handelt. Das Komma dient als Gliederungszeichen und wird bei Aufzählungen, zwischen Teilsätzen und zwischen direkter Rede und Begleitsatz gesetzt.
Die direkte Rede tritt mit Begleitsatz auf. Dieser kann vor, inmitten oder hinter der direkten Rede stehen. Direkte Redesätze lassen sich in indirekte Redesätze überführen. In „Grammatik – kompetent! 6" geschieht das anhand von Fragesätzen. Der indirekte Fragesatz beginnt mit einer Einleitung (sie fragt ... / er will wissen ...) und wird von einem „ob" bzw. einem Fragewort weitergeführt. Beim Wechsel vom direkten zum indirekten Fragesatz kommt es zur Pronomenverschiebung: Sie fragt: „Gehst du einkaufen?" → Sie fragt, ob er einkaufen geht.
Die Satzformen: Sätze werden nach ihrer Form in Haupt- und Nebensätze untergliedert. **Der Hauptsatz** kann für sich alleine stehen und ist durch Verb-Zweitstellung/-Erststellung markiert. Zweitstellung der gebeugten Verbform: Ich gehe nach Hause. / Ich bin nach Hause gegangen. Erststellung der gebeugten Verbform: Ist er nach Hause gegangen? / Geh nach Hause! Der **Nebensatz** kann nicht für sich alleine stehen. In ihm steht die gebeugte Verbform am Ende: Er freut sich sehr, dass ihr gekommen seid. / Während sie im Zug sitzt, liest sie Zeitung. Als **Satzreihe (Parataxe)** bezeichnet man die Verknüpfung von zwei und mehr Hauptsätzen. Sie sind durch Kommas oder durch Bindewörter/Konjunktionen miteinander verbunden: Er kam, er sah, er siegte. / Er kam und er sah und er siegte. / Er kam, er sah und er siegte. Von **Satzgefüge (Hypotaxe)** spricht man bei der Verbindung von Hauptsatz und Nebensatz. Der Nebensatz kann vor oder nach dem Hauptsatz stehen oder in diesen eingeschoben sein: Da er krank war, lag er im Bett. / Er lag im Bett, da er krank war. / Er lag, da er krank war, im Bett.
Nebenordnende Konjunktionen wie *und, oder, denn* können Hauptsätze miteinander verknüpfen. **Unterordnende Konjunktionen** wie *weil, wenn, dass* binden einen Nebensatz an den Hauptsatz an. Daneben können auch andere Wortarten als „Konnektoren" wirken, z.B. bestimmte Adverbien (*daher, deshalb* usw.). Darum wird in diesem Kapitel der Sammelbegriff **„Bindewörter"** verwendet.

Hinweise:

– In diesem Kapitel liegt der Fokus auf den eingeleiteten Nebensätzen. Inhaltlich werden diese nicht ausdifferenziert, sondern gemischt verwendet:

temporal (Zeitpunkt), z.B. nachdem-Satz	final (Zweck), z.B. damit-Satz
konzessiv (Einräumung), z.B. obwohl-Satz	kausal (Grund), z.B. weil-Satz
konditional (Bedingung), z.B. wenn-Satz	konsekutiv (Folge), z.B. sodass-Satz
adversativ (Gegensatz), z.B. anstatt-Satz	modal (Art und Weise), z.B. ohne-Satz

Kompetenzen

Die Kinder erweitern ihre Erfahrungen mit Sätzen und Satzbau.

Die Schülerinnen und Schüler ...

- kennen Aussage-, Frage- und Ausrufesatz und können die passenden Schlusszeichen setzen.
- können direkte Rede und Begleitsatz unterscheiden und selbst bilden.
- können Hauptsätze und eingeleitete Nebensätze erkennen und unterscheiden.
- kennen Bindewörter/Konjunktionen und können mit diesen Satzreihen und Satzgefüge bilden.
- kennen das Komma als Gliederungszeichen bei Aufzählungen, zwischen Teilsätzen und zwischen Begleitsatz und direkter Rede.
- können direkte Fragen in indirekte Fragesätze verwandeln und umgekehrt.

Einstieg

Vorbereitung:
- Beispielsätze (Sätze 1 und 2 unten) hochkopieren oder an die Tafel schreiben.

Aufgabe 1 (direkte Rede, Begleitsatz, indirekter Fragesatz):
- Anhand der Beispielsätze „Sätze 1" direkte Rede, vorangestellte, nachgestellte und eingeschobene Begleitsätze wiederholen.
- Direkte Rede und Begleitsätze markieren.
- Satzzeichen (: . „" ? ! ,) einsetzen.
- Direkte Fragesätze in indirekte Fragesätze umwandeln. Einleitung des Nebensatzes mit „ob" bzw. Fragewort wiederholen und auf die Pronomenverschiebung hinweisen.

Aufgabe 2 (Haupt und Nebensätze, Bindewörter):
- Zwei Beispielsätze (Sätze 2) miteinander verknüpfen und vergleichen. Welche Bindewörter passen? Ändert sich die Satzbedeutung je nach Bindewort? Weitere Bindewörter finden.
- Verben in den Beispielsätzen markieren. Merkmale von Haupt- und Nebensatz erklären → Verbzweitstellung (Hauptsatz) und Verb-Endstellung (Nebensatz).

Sätze 1

Eine Sage ist eine mündlich überlieferte Geschichte erklärt Finn	Ich kenne eine Sage sagt Li
Er ergänzt In Sagen kommen reale Orte vor	Soll ich sie erzählen erkundigt sie sich
Aber ruft Mo nicht alles ist wahr	Finn fragt Kommt darin der Teufel vor

Sätze 2

Finn bleibt daheim.	∞	Er ist krank.
Geht Li ins Tanztraining?	∞	Sie hat Zahnschmerzen.
Die Lehrerin hat verschlafen.	∞	Sie ist pünktlich.
Sei leise!	∞	Deine Mitschüler schreiben einen Test.
Du bist gut gelaunt.	∞	Das gefällt mir.

Bindewörter			
und	aber	weil	obwohl
da	dennoch	während	dass

Name:

Satz I

				Kontrolle
Ich kenne die direkte Rede und den Begleitsatz. Ich kann die passenden Satzzeichen setzen (. : ? ! „ “ ,).				
KV 1 Der Teufel und die Satzzeichen				
KV 2 Die Loreley				
Ich kann Haupt- und Nebensätze voneinander unterscheiden. Ich kann eingeschobene Teilsätze erkennen. Ich setze die Kommas korrekt.				
KV 3 Hauptsatz und Satzreihe				
KV 4 Nebensatz und Satzgefüge				
KV 5 Nebensätze: Vorn, hinten, mittendrin				
KV 6 Oh du lieber Augustin!				
Ich kann Sätze und Satzglieder mit passenden Bindewörtern verbinden.				
KV 7 Brücken bauen				
KV 8 Verbindende Wörter				
Ich kann indirekte Fragesätze (= Interrogativsätze) bilden.				
KV 9 Mo fragt – Finn übersetzt				
KV 10 Direkt oder indirekt gefragt				
Ich kann das Gelernte spielerisch anwenden.				
KV 11 Littering				
KV 12 Satzzeichen können Leben retten!				
KV 13 PRO oder CONTRA? Begründe!				

Der Teufel und die Satzzeichen

(1) Unterstreiche die **direkte Rede** blau und den **Begleitsatz** grün.

(2) Trage die Satzzeichen (**. : „ “ ? ! ,**) rot ein.

Die Teufelsbrücke (Sage aus der Schweiz)
Die Schöllenenschlucht im Kanton Uri versperrte den Menschen seit jeher den Weg nach Süden Ihre steilen zerklüfteten Felswände waren unüberwindbar Durch die Schlucht tobten die wilden Wassermassen der Reuss Um das Jahr 1200 bauten die Urner mehrmals an einer Brücke Doch immer wieder kam es dabei zu schrecklichen Unfällen sodass der Landammann* in seiner Verzweiflung rief Soll doch der Teufel eine Brücke bauen Der Teufel erschien sofort und sagte Ich will euch eine Brücke bauen Aber der Erste der darüber gehen wird soll mir gehören
Die Urner willigten ein Nach drei Tagen stand die Brücke An ihrem Ende hockte der Teufel und erwartete seinen Lohn Statt eines Menschen schickten die Urner jedoch einen Ziegenbock hinüber Hier kommt die erste Seele über die Brücke Die kannst du behalten riefen sie
Zornig zerriss der Teufel den Ziegenbock und packte einen haushohen Stein Er schrie Das zahle ich euch heim Ich werde die Brücke wieder zerstören Da kam ein altes Mütterchen des Weges erkannte den Teufel und ritzte ein Kreuz in den Stein Der Teufel verfehlte sein Ziel und sein Stein landete im Tal unweit von Göschenen Dort lag der Teufelsstein Jahrhunderte lang bis man ihn bei Bauarbeiten verschob Seitdem steht er am Rand der Gotthard-Autobahn sodass man ihn auf der Fahrt in den Süden aus dem Autofenster bewundern kann

* Oberhaupt einer Region

(3) Erfinde passende Sätze.

…………………………: „________________________________.“

…………………………: „________________________________?“

…………………………: „________________________________!“

Die Loreley

① Lies den Text und setze die Satzzeichen (. : „ “ ? ! ,) rot ein.

Die Loreley (Sage aus Deutschland)
Am Rhein zwischen Bingen und Koblenz steht ein Felsen den man Loreley-Felsen nennt Man sagt dass die Loreley eine sehr schöne Frau war Viele Männer verliebten sich in sie Sie liebte aber nur Ritter Eberhard Als er in den Krieg zog und lange fortblieb warben andere Männer um Lorely Ich will keinen anderen Mann Ich warte auf Eberhard verkündete Loreley
Vor Liebeskummer nahmen sich etliche Verehrer das Leben Deshalb meinte man dass Loreley eine Hexe sei und auf den Scheiterhaufen gehöre Aber das Gericht hatte Mitleid mit Loreley Sie wurde nicht zum Tode verurteilt sondern in ein Kloster verbannt Auf dem Weg dorthin sagte Loreley zu ihren Bewachern Ich möchte auf den Felsen am Rhein steigen und ein letztes Mal die Burg meines Eberhards sehen Das durfte sie tun Plötzlich entdeckte sie tief unten wie Eberhard auf einem kleinen Boot den Rhein hinabfuhr Loreley rief Eberhard
Eberhard sah hingerissen zu seiner Loreley hinauf Dabei bemerkte er den Felsen nicht Er fuhr hinein das Boot sank und Eberhard ertrank Wenn mein Geliebter tot ist will ich auch nicht leben rief Loreley Sie sprang in den Rhein und wurde nie mehr gesehen

② a) Setze auch hier die Satzzeichen (. : „ “ ? ! ,).

b) Verbinde jeden Satz mit dem passenden Satzbild.

Sätze
Wer ist diese Loreley will Mo wissen
Das ist eine so tolle Sage schwärmt Li
Sie war eine schöne Frau berichtet Finn
Sie hatte ergänzt Finn viele Verehrer
Li erklärt Aber sie liebte nur Eberhard
Mo fragt Woher wisst ihr das alles
Wir sagt Finn passen eben in der Schule auf

Satzbilder
.... : „__________?“
„__________“, ... , „__________!“
„__________!“, ...
„__________“, ... , „__________.“
„__________“, ...
„__________?“, ...
.... : „__________.“

Hauptsatz und Satzreihe

Der Hauptsatz (Hs)
- Der Hs kann für sich alleine stehen = **einfacher Satz.** → Er liest gerne.
- Das konjugierte Verb steht an erster / zweiter Stelle: → Liest du gerne? / Ich mache Sport.
- Man kann mehrere Hauptsätze zu einem Satz verbinden = **Satzreihe.**
  → Das Buch ist klasse, / ich lese jetzt Band 2 / und dann kaufe ich Band 3.

(1) Finde die Hauptsätze in diesen Satzreihen und kreise sie ein.

Li hat Halsschmerzen und Mo kocht ihr einen Kräutertee.

Der Tee tut ihr gut, sie bestellt noch eine Tasse davon.

Finn will Kräuter pflanzen, Mo soll ihm helfen, aber Mo hat keine Lust dazu.

Finn kauft ein Kräuterbuch, darin stehen tolle Tipps, doch die Pflanzanleitung fehlt.

(2) Finde auch hier die Hauptsätze. Kreise sie ein und setze die Kommas.

Aus dem Keller dringt Lärm und man hört Finn fluchen.

Mo ist unterwegs er will ins Kino gehen oder er macht einen Stadtbummel.

Das Licht auf der Bühne geht an die Musik beginnt die Tänzer treten auf.

Li trägt ihr neues Kostüm sie lächelt nervös denn sie ist sehr aufgeregt.

(3) Mache aus den Hauptsätzen eine Satzreihe. Benutze **und, oder, denn, aber.**

Manchmal geht er zum Imbiss. Manchmal kocht er selbst. Er bestellt sich eine Pizza.

___

Li sitzt mit ihrem Vater im Auto. Sie wollen losfahren. Das Auto springt nicht an.

___

Mo holt sein Schulbuch. Die Klasse wird einen Test schreiben. Mo muss noch üben.

___

Nebensatz und Satzgefüge

Der Nebensatz (Ns)
- Der Ns kann nicht für sich alleine stehen. ... obwohl sie krank ist → *Bedeutung* ϟ
- Der Ns ist an einen Hauptsatz (Hs) gebunden: Sie unterrichtet, obwohl sie krank ist. ✓
- Im Ns steht das **konjugierte Verb** an letzter Stelle → Wenn Mo Fieber hat, bleibt er zu Hause.
- Einen Hs mit Ns nennt man **Satzgefüge**.
- **Bindewörter** leiten den Ns ein: → *da, obwohl, wenn, weil, dass, als ...*
- Das **Komma** trennt den Ns vom Hs. → Er fehlt, da er krank ist. / Wenn er fehlt, ist er krank.

① a) Finde die Nebensätze und unterstreiche sie. Beschrifte sie mit **Ns**.

b) Markiere die Bindewörter / Konjunktionen.

Nachdem der Besuch nach Hause gegangen war, räumte ich auf.
Ns

Es ist ziemlich warm, obwohl es regnet und stürmt.

Der Anrufer legte plötzlich auf, ohne sich zu verabschieden.

Man konnte die Hand nicht vor Augen sehen, weil es stockdunkel war.

Wenn ich älter bin, möchte ich eine eigene Wohnung haben!

Er musste sich Geld borgen, da er seinen Geldbeutel vergessen hatte.

Finn hörte mit Kopfhörern Musik, während er lauthals mitsang.

Dass die Band so viele Zugaben spielte, begeisterte die Fans.

② Bilde Nebensätze. Wähle aus diesen Bindewörtern aus: da | dass | nachdem | weil | obwohl

Er war überrascht, ________________________________.

____, liefen wir davon.

Das T-Shirt gefällt mir, ______________________________________.

Es ist wirklich nett von dir, ___________________________________.

_________________________________, musste Mo eine Strafarbeit schreiben.

Nebensätze: Vorn, hinten, mittendrin

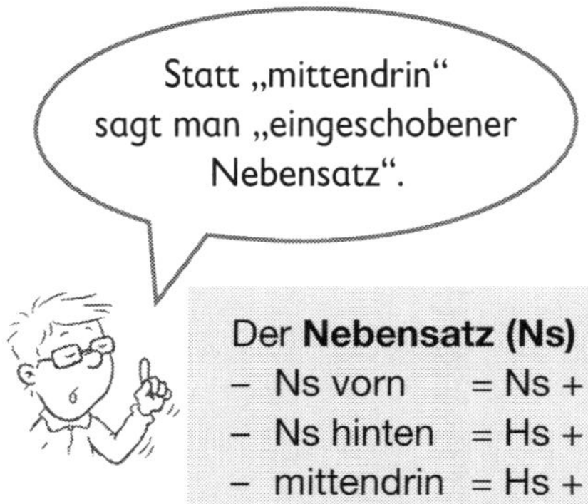

Der **Nebensatz (Ns)** kann vorn, hinten oder mitten im Hauptsatz (Hs) stehen:
- Ns vorn = Ns + Hs → **Weil die Lehrerin mich lobte**, wurde ich rot.
- Ns hinten = Hs + Ns → Ich wurde rot, **weil die Lehrerin mich lobte**.
- mittendrin = Hs + Ns + Hs → Ich wurde, **weil die Lehrerin mich lobte**, rot.

① Ordne die Sätze zu. Erfinde je ein eigenes Beispiel.

Als es donnerte, zuckte er zusammen.

Da sie spät dran war, rannte sie.

Finn runzelt, wenn er nachdenkt, die Stirn.

Es gefällt Li, dass Mo so witzig ist.

Mo gewann, weil er gemogelt hatte.

Li will, wenn sie älter ist, an der Oper tanzen.

Nebensatz vorn **Ns + Hs**	
Nebensatz hinten **Hs + Ns**	
Nebensatz eingeschoben **Hs Teil 1 + Ns + Hs Teil 2**	

② Unterstreiche Haupt- und Nebensatz verschiedenfarbig und beschrifte sie.

Li träumte, obwohl sie zufrieden eingeschlafen war, gruselige Dinge.
Hs Teil 1 Ns Hs Teil 2

Finn fischte, ohne mit der Wimper zu zucken, dicke Spinnen aus seiner Suppe.

Mo fiel, als er in einen Burger biss, ein Gebiss aus dem Mund.

Li kleckerte, weil sie sich so erschrak, Spinat auf ihren neuen Lieblingspulli.

Der Pulli hat, obwohl er mehrmals gewaschen wurde, immer noch einen Fleck.

Oh du lieber Augustin!

① Unterstreiche Haupt- und Nebensatz verschiedenfarbig und beschrifte sie mit Hs und Ns. Setze die Kommas!

Finn erzählt die Sage vom lieben Augustin.
HS

Finn erzählt die Sage vom lieben Augustin obwohl er zuerst nicht wollte.

Finn erzählt obwohl er zuerst nicht wollte nun doch die Sage vom lieben Augustin.

Nachdem Finn alles erzählt hatte stellte Li viele Fragen.

Li stellte viele Fragen.

Li die sehr interessiert zugehört hatte stellte viele Fragen.

Mo spielte Dudelsack während Finn erzählte.

② Lies den Text und trage die Kommas mit rotem Farbstift ein.

Der liebe Augustin (Sage aus Österreich)
Im Jahr 1679 wütete in Wien die Pest. Viele Leute flohen denn die Zahl der Erkrankten stieg täglich und überall lagen Leichen. Pestknechte fuhren mit Karren herum lasen die Toten auf und leerten sie in Pestgruben vor der Stadt. In dieser schlimmen Zeit lebte in Wien auch ein lustiger Sänger und Dudelsackpfeifer der die fröhlichsten Lieder spielte. Am liebsten tat er dies im Wirtshaus „Zum roten Dachel“. Obwohl Wirtshäuser aus Furcht vor der Pest gemieden wurden war das „Dachel“ immer voll. Die Leute kamen weil Augustin ihnen fröhliche Stunden schenkte. Aus diesem Grund nannten ihn alle nur „der liebe Augustin“. Eines Abends hockte Augustin betrübt im „Dachel“ weil kein einziger Gast kam. Der Wirt schenkte ihm Glas um Glas ein denn Augustin wollte seinen Kummer ertränken. Augustin schwankte als er aus dem Wirtshaus trat. Seine Beine streikten er fiel hin und schlief ein. Während er schlief fuhren die Pestknechte vorbei. Diese meinten dass Augustin tot sei luden ihn zu den Pestleichen und leerten ihn in die Grube. Als Augustin morgens erwachte merkte er dass er in der Pestgrube lag. Er wollte herausklettern aber das gelang nicht. Er rief um Hilfe doch niemand kam. Also sang er aus voller Kehle bis man ihn befreite. Die Nacht hatte für ihn keine schlimmen Folgen. Er blieb gesund und munter obwohl er bei den Pestleichen gelegen hatte.

Brücken bauen

① Erkennst du alle Bindewörter? Markiere sie.

Wenn man nichts macht, macht man nichts falsch. / Damit der Kopf nicht raucht, braucht man Pausen. / Schön, dass es dich gibt. / Der Kopf ist rund, damit das Denken die Richtung wechseln kann. / Weil Schweigen Gold ist, hielt er den Mund. / Auf März folgt April, weil der Kalender das will. / Bevor sie das Haus verlässt, verriegelt sie alle Fenster. / Sobald die Katze aus dem Haus ist, tanzen die Mäuse. / Als der Ball ins Tor ging, jubelten die Fans. / Die Spieler trainierten weiter, da nach dem Spiel vor dem Spiel ist. / Der Trainer sagt seinen Spielern, dass sie Gas geben sollen. / Da man aufhören soll, wenn der Kopf raucht, ist hier Schluss.

② Setze passende Bindewörter ein.

nachdem | falls | sobald | weil | dass | wenn | da | indem

Im Haus war es völlig still, ______________ alle schlafen gegangen waren.

______________ er wütend ist, zieht er sich in sein Zimmer zurück.

Die Nachrichtensprecherin wurde nervös, ___________ sie sich versprochen hatte.

Der Sportler wird am Wettkampf teilnehmen, _______________ er nicht verletzt ist.

______________ er mehr Informationen besitzt, wird er sich melden.

Es ist seltsam, ______________ sie dir davon erzählt hat.

______________ das Wetter gut ist, findet die Veranstaltung im Freien statt.

______________ er pfiff, machte er auf sich aufmerksam.

Verbindende Wörter

① Schreibe die Sätze zu Ende.
Kreise die Bindewörter ein.

Es geht ihr gut, obwohl ______________________________

Weil der Strom ausfiel, ______________________________

Sie ging einkaufen, ohne ______________________________

Da im Keller Mäuse waren, ______________________________

Er nimmt einen Schirm mit, wenn ______________________________

Ich esse schnell etwas Kleines, bevor ______________________________

Wir standen bereits an der Kinokasse, als ______________________________

Anstatt Hilfe zu holen, ______________________________

② Bilde jeweils aus zwei Sätzen einen Hauptsatz mit Nebensatz (= Satzgefüge).
Verwende passende Bindewörter.

Es war 6:30 Uhr. Der Wecker klingelte.

____

In der Küche rumorte es. An Schlaf war nicht mehr zu denken.

____

Gähnend zog ich Jeans und T-Shirt an. Ich schlurfte in die Küche.

____

Meine Familie frühstückte. Im Radio dudelte Musik.

____

Ich war zu faul, mir ein Brötchen zu streichen. Ich klaute mir das meiner Schwester.

____

Sie war so wütend. Sie lief rot an.

____

Ich verzog mich rasch. Wütende Schwestern können sehr nervig sein.

____

Suche in Büchern nach Sätzen, in denen Bindewörter vorkommen. Wähle zehn verschiedene Bindewörter aus und schreibe sie auf.

Mo fragt – Finn übersetzt

- Der indirekte Fragesatz wird mit einer Wendung eingeleitet. Danach steht ein Komma:
  → Sie fragt, … / Er erkundigt sich, … / Sie wollen wissen, …
- Die Frage selbst beginnt mit **„ob"** oder einem **Fragewort**:
  → Sie fragt, ob er etwas gegessen hat. Er erkundigt sich, wie lange es noch dauert.

① a) Direkt und indirekt gefragt – immer zwei Sätze bedeuten das Gleiche. Verbinde.
b) Markiere die direkten Fragesätze grün und die indirekten Fragesätze gelb.

Er fragt sie: „Wohin gehst du?"

Er fragt: „Kommt noch jemand mit?"

„Wie spät ist es?", will sie wissen.

„Wann fahren wir los?", erkundigt er sich.

Er erkundigt sich, ob noch jemand mitkommt.

Sie fragt ihn: „Hast du heute Zeit?"

Sie will wissen, wie spät es ist.

Er fragt, wann wir losfahren.

Er fragt sie, wohin sie geht.

Sie erkundigt sich, ob er heute Zeit hat.

② Verwandle in indirekte Fragen. Denk an die Satzzeichen!

Mo fragt Finn: „Gibt es eigentlich Länder, in denen man keine Schulpflicht hat?"

Mo fragt Finn, ob ____________________

„Wieso willst du das wissen?", erkundigt sich Finn.

____

Li erkundigt sich besorgt: „Willst du auswandern?"

____

Mo will von Li wissen: „Würdest du mitkommen?"

____

Direkt oder indirekt gefragt

① Verwandle die indirekten Fragesätze in direkte Fragen.

Bea fragt, ob die Party gut war. → Bea fragt: „War ____________________

Der Arzt will wissen, wie viel ich wiege. → ____________________

Die Mutter fragt Li, ob die Suppe schmeckt. → ____________________

Finn will wissen, wo Mo steckt. → ____________________

② Schreibe immer eine direkte Frage und einen indirekten Fragesatz.

<table>
<tr><td></td><td>
</td><td>
</td><td>
</td></tr>
<tr><td>Direkte Frage</td><td>Finn fragt: ____________________
____________________</td><td>____________________
____________________</td><td>____________________
____________________</td></tr>
<tr><td>Indirekter Fragesatz</td><td>Finn fragt, ____________________
____________________</td><td>____________________
____________________</td><td>____________________
____________________</td></tr>
</table>

<table>
<tr><td></td><td>
</td><td>
</td><td>
</td></tr>
<tr><td>Direkte Frage</td><td>____________________
____________________</td><td>____________________
____________________</td><td>____________________
____________________</td></tr>
<tr><td>Indirekter Fragesatz</td><td>____________________
____________________</td><td>____________________
____________________</td><td>____________________
____________________</td></tr>
</table>

Erfinde eigene Sprechblasen-Sätze. Wandle sie in direkte und indirekte Fragen um.

Littering (to litter = wegwerfen)

① Schreibe zur Bildergeschichte. Benutze die direkte Rede mit vorangestelltem, nachgestelltem und eingeschobenem Begleitsatz. Denk an die Satzzeichen!

② Finde einen passenden Titel für die Bildergeschichte.

Titel: ______________________________

Lest einander die Texte vor.

Satzzeichen können Leben retten!

(1) Setze das Komma so, dass die Sätze unterschiedliche Bedeutungen haben.

<u>Wer erbt den Hof?</u>

Peter erbt den Hof nicht aber Lukas.

Peter erbt den Hof nicht aber Lukas.

<u>Guter Ratschlag</u>

Heirate Max nicht warten.

Heirate Max nicht warten.

<u>Heiraten?</u>

Er will sie nicht.

Er will sie nicht.

<u>Drei oder vier Spieler?</u>

Jan sein Bruder Tim und ich spielen Karten.

Jan sein Bruder Tim und ich spielen Karten.

(2) Setze die Satzzeichen so, dass der Satz in a) korrekt und in b) witzig ist.

a) Der Täter trägt eine Zipfelmütze im Gesicht einen angeklebten Bart an den Händen riesige Handschuhe auf beiden Backen eine Tätowierung und eine Sonnenbrille.

b) Der Täter trägt eine Zipfelmütze im Gesicht einen angeklebten Bart an den Händen riesige Handschuhe auf beiden Backen eine Tätowierung und eine Sonnenbrille.

(3) 

Suche dir einen Partner: Vergleicht eure Ergebnisse von (1) und (2). Besprecht die unterschiedlichen Satz-Bedeutungen.

Setze das Komma so, dass drei verschiedene Satzbedeutungen entstehen.

Er versprach mir jedes Jahr ein Handy zu kaufen.
Er versprach mir jedes Jahr ein Handy zu kaufen.
Er versprach mir jedes Jahr ein Handy zu kaufen.

PRO oder CONTRA? Begründe!

(1) Betrachte die Szene. Was könnten Mo und Li dazu sagen? Bilde Haupt- und Nebensätze und benutze Bindewörter wie **obwohl / weil / da / dass / aber / wenn ...**

 **PRO**	**CONTRA** 
Ich finde Graffiti gut, **weil** sie	**Da** das Beschmieren fremder Wände verboten ist, finde ich

Was ist deine Meinung? Begründe! Schreibe auf die Blattrückseite.

 **PRO**	**CONTRA** 
Mir gefällt es, **wenn**	**Obwohl** ich Musik mag, finde ich

Was ist deine Meinung? Begründe! Schreibe auf die Blattrückseite.

Das Wichtigste in Kürze

Die vier Fälle:
Nomen und ihre Stellvertreter (Pronomen) werden in der deutschen Sprache nach vier Fällen (Kasus) dekliniert. Sie können im Nominativ, Akkusativ, Dativ oder Genitiv stehen.
Der Kasus ist vom Verb abhängig. Beispielsweise verlangt das Verb *erzählen* nach diesen Ergänzungen: **Wer** erzählt? **Wem? Was?** Das Subjekt steht im Nominativ (Wer?), die anderen Ergänzungen stehen im Dativ (Wem?) und Akkusativ (Wen oder was?).
Auch Präpositionen bestimmen den Kasus ihrer Bezugswörter. So folgt auf die Präposition „mit" der Dativ, auf „während" der Genitiv.
Manche Verben gehen mit Präpositionen feste Verbindungen ein, z.B. *achten auf + Akkusativ*, *forschen nach* + Dativ. Diese Ergänzungen werden Präpositionalobjekte genannt. Bei der Frageprobe bleibt die Präposition Teil der Fragestellung:

Sie achtet auf ihre Gesundheit. **Auf was/worauf** achtet sie? → Akkusativ
Er forscht nach Kleinstlebewesen. **Nach wem/wonach** forscht er? → Dativ

Die Satzglieder:
Das Verb spielt im Satz die zentrale Rolle. In seiner grammatischen Funktion wird es hier **Prädikat (= Satzkern)** genannt. Von ihm aus werden die Satzglieder erfragt und bestimmt. Die Satzglieder ergänzen das Prädikat. Sie können verschoben, ersetzt, erweitert oder weggelassen werden. Teile des Satzes, die beim Verschieben immer zusammenbleiben, nennt man **Satzglieder**.

Das Subjekt erfragt man mit *Wer oder was ...?* Es steht immer im Nominativ.
Objekte erfragt man mit *Wen oder was ...? Wem ...? Wessen ...?* Sie stehen im Akkusativ, Dativ und Genitiv. Nicht jedes Prädikat verlangt nach einem Objekt. Eine besondere Form der Objekte sind die Präpositionalobjekte (siehe oben unter „Die vier Fälle").
Adverbiale (Singular: das Adverbial) beschreiben nähere Umstände wie Ort, Zeit, Art und Weise oder Grund des Satzgeschehens. Sie werden mit folgenden Fragewörtern erfragt bzw. bestimmt:

Wo? Wohin? Woher?	Das Kind geht zur Schule. (Wohin?) → **Adverbial des Ortes**
(Seit/bis) wann? Wie lange?	Mo gibt Li heute einen Kuss. (Wann?) → **Adverbial der Zeit**
Wie? Auf welche Weise?	Sie klettert voller Eifer. (Wie?) → **Adverbial der Art und Weise**
Warum? Weshalb? Wozu?	Aus Frust warf er alles hin. (Warum?) → **Adverbial des Grundes**

Zur Unterscheidung zwischen Adverbial und Präpositionalobjekt:
Präpositionalobjekte können **nur** mit der Präposition erfragt werden. Adverbiale kann man dagegen auch mit anderen Fragen erfragen.

Präpositionalobjekt:	Er warnt vor der Gefahr.	**Vor wem/wovor** warnt er?
Adverbial:	Er parkt vor der Haustür.	**Wovor** parkt er? Aber auch: **Wo** parkt er?

Kompetenzen
Die Schülerinnen und Schüler können Sprachstrukturen in Sätzen untersuchen und damit experimentieren.

Die Schülerinnen und Schüler ...
- kennen die Begriffe Nominativ, Akkusativ, Dativ, Genitiv.
- wissen, dass das Prädikat oder eine Präposition einen bestimmten Fall verlangt.
- können die Frageprobe und die Ersatzprobe zur Bestimmung der Fälle anwenden.
- können mithilfe der Verschiebe-, Ersatz-, Erweiterungs- und Weglassprobe die Satzglieder bestimmen.
- können das Subjekt und das Prädikat (den Satzkern) eines Satzes bestimmen.
- können das Prädikat nach weiteren Satzgliedern befragen (Fragenfächer) und mit den Antworten Sätze bilden.
- können Akkusativ-, Dativ- und Genitivobjekte bestimmen.
- sammeln Erfahrungen mit Adverbialen.

Einstieg: Die vier Fälle

Vorbereitung:
- Cartoon und Fragenkleeblatt vergrößern oder projizieren.
- Beispielsätze 1 (unten) vergrößern oder an die Tafel schreiben.
- Beispielsätze 2 und Fragenkleeblatt für die Kinder kopieren, in Umschläge stecken.

Aufgabe:
- Cartoon besprechen, Fragenkleeblatt vorstellen, Begriffe „Prädikat" und „Subjekt" wiederholen.
- Beispielsätze 1: Mithilfe des Fragenkleeblatts die Frageprobe anwenden und die Fälle bestimmen: Wer hat … mitgebracht? → Ich = Nominativ usw.
- Anhand des zweiten und dritten Satzes besprechen, dass manche Verben feste Verbindungen mit Präpositionen eingehen. Frageprobe mit Präposition (An wen?/Woran?, Von wem?/Wovon?) gemeinsam erproben.
- Partnerarbeit an den Beispielsätzen 2: Mit der Frageprobe die Fälle bestimmen.

Beispielsätze 1	Ich habe uns ein Kunstwerk mitgebracht.
	An irgendwas erinnert mich Finns Kleeblatt-Bild.
	Das Bild handelt von den vier Fällen!

Beispielsätze 2	Die Richterin beschuldigt den Maler der Fälscherei.
	Der Direktorin gefallen die Pausenhof-Graffiti nicht.
	Würde meine Mutter an dem Kunstwerk Freude haben?

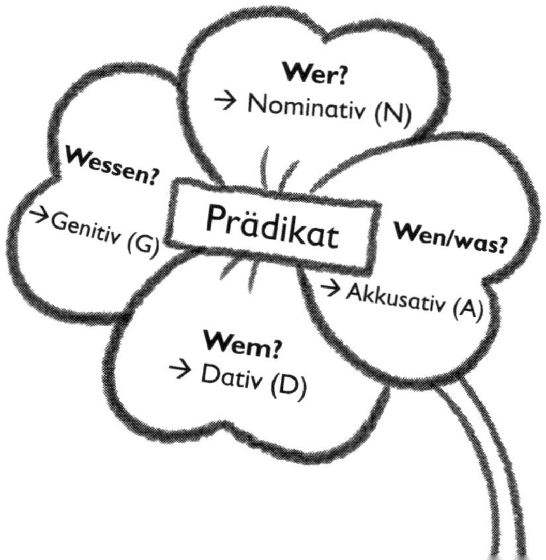

Der Satz II – Die Satzglieder

Einstieg: Die Satzglieder

Vorbereitung:
- Beispielsätze (unten) vergrößern oder auf Papierstreifen schreiben.
- Tabelle und Fragenfächer vergrößern, evtl. Fragenfächer aus Papierstreifen und Flügelklammern basteln.

Aufgabe 1:
- Anhand des ersten Beispielsatzes (unten) Prädikat und Subjekt wiederholen und kennzeichnen.
- Mithilfe der Verschiebe-, Ersatz-, Erweiterungs- und Weglassprobe die Satzglieder bestimmen, den Beispielsatz in seine Satzglieder zerschneiden.
- Tabelle betrachten, Satzglieder zuordnen, den Begriff „Objekt" einführen.
- In einem zweiten Schritt Ergänzungen der Zeit, des Ortes, der Art und Weise, des Grundes anhand der Beispielsätze wiederholen. Den Begriff „Adverbial" einführen.

Aufgabe 2:
- Ein Verb vorgeben, aus dem Fragenfächer passende Fragen auswählen, Satz bilden.

Beispielsätze

Der Kiosk-Besitzer wünscht mir einen schönen Tag.
Der Muskelprotz rühmt sich angeberisch seiner Kraft.
Mo wünscht sich zu Weihnachten keine Grammatik.
Aus Langeweile kaut sie im Unterricht Kaugummi.
Finn macht im Training heute motiviert mit.

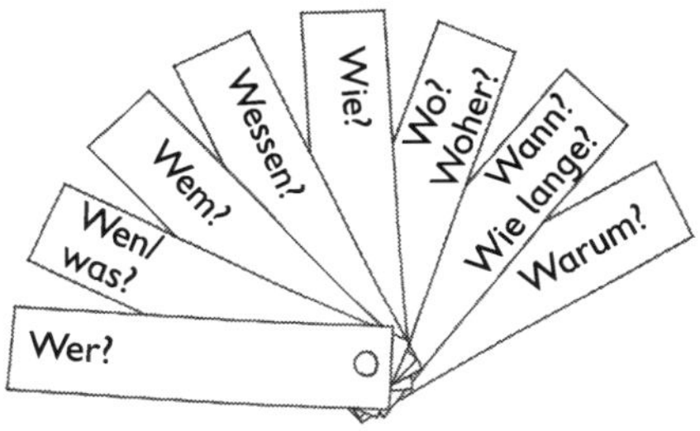

Tabelle

Wer? → Subjekt im Nominativ	**Wen oder was?** → Objekt im Akkusativ	**Wem?** → Objekt im Dativ	**Wessen?** → Objekt im Genitiv
Wo? Woher? → Adverbial des Ortes	**Wann? Wie lange?** → Adverbial der Zeit	**Wie?** → Adverbial der Art und Weise	**Warum?** → Adverbial des Grundes

Name: ______________________

Satz II

				Kontrolle
DIE VIER FÄLLE				
Ich kenne die vier Fälle: Nominativ (N), Akkusativ (A), Dativ (D) und Genitiv (G). Ich kann die Fälle mit der Frageprobe und der Ersatzprobe (Eselprobe) bestimmen.				
KV 1 Zum Glück gibt es die Frageprobe!				
KV 2 Ersatzprobe mit Esel				
KV 3 Alles klar?				
KV 4 Knall auf Fall				
KV 5 Achtung Falle!				
DIE SATZGLIEDER				
Ich kann in einem Satz das Prädikat (= den Satzkern) und das Subjekt bestimmen. Ich finde die Satzglieder mit der Verschiebe-, Erweiterungs-, Ersatz-, Weglassprobe.				
KV 6 Probier's mal mit …				
KV 7 Ein Satz – vier Proben				
Ich kann mithilfe des Fragenfächers passende Ergänzungen im Nominativ, Akkusativ, Dativ und Genitiv finden. Ich kann in einem Satz die Ergänzungen (= Objekte) bestimmen.				
KV 8 Der Fragenfächer				
KV 9 Die Fragedetektive				
Ich kann das Prädikat mithilfe des Fragenfächers um Angaben des Ortes, der Zeit, der Art und Weise, des Grundes (= Adverbiale) ergänzen. Ich kann Satz-Ergänzungen nach ihrer Art bestimmen: Subjekt, Objekt, Adverbiale.				
KV 10 Weitere Fragen: Adverbiale				
KV 11 Welche Ergänzung ist es?				
KV 12 Subjekt, Objekt und Adverbial				

Zum Glück gibt es die Frageprobe!

Mit der Frageprobe erfragt man die vier Fälle:
Das Prädikat fragt → der Fall antwortet.
Wer? → **Nominativ (N)** antwortet (= Subjekt)
Wen/was? → **Akkusativ (A)** antwortet
Wem? → **Dativ (D)** antwortet
Wessen? → **Genitiv (G)** antwortet

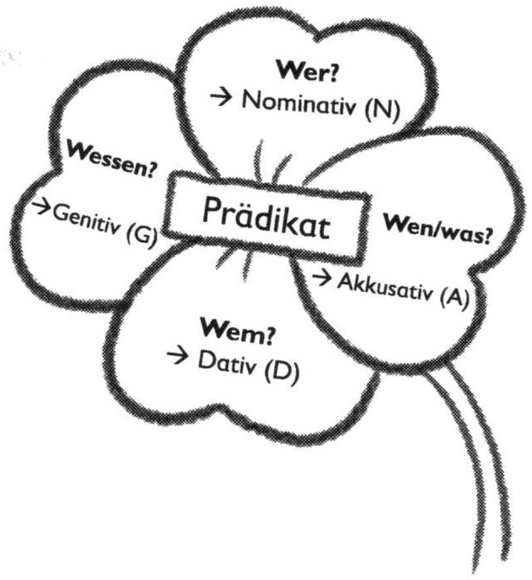

(1) Stelle passende Fragen und bestimme die Fälle.

Wer rühmt sich ?
→ der Held Fall: N

Wessen ______________ ?
→ ______________ Fall: __

Der Held rühmt sich seiner Taten.

Wen/was ______________ ?
→ ______________ Fall: __

Wem ______________ ?
→ ______________ Fall: __

Wer ______________ ?
→ ______________ Fall: __

Wessen ______________ ?
→ ______________ Fall: __

Sie liest der Klasse den Text vor.

Wen/was ______________ ?
→ ______________ Fall: __

Wem ______________ ?
→ ______________ Fall: __

(2) Schneide die Sätze aus und klebe sie auf ein Blatt Papier. Markiere das Prädikat und arbeite wie in (1).

- -

Herr von Ribbeck schenkt dem Jungen eine reife Birne.	Machst du dem Gast rasch einen Tee?	Die Nachbarin nahm sich der kleinen Katze an.

Notiere einen eigenen Hauptsatz und bestimme die Fälle wie oben.

Ersatzprobe mit Esel

Setzt man ein **männliches Nomen in der Einzahl** ein, z. B. der Esel, erkennt man den Fall ganz leicht: Man kann ihn am Artikel des eingesetzten Esels ablesen!

1. Mach die Eselprobe: Ersetze den markierten Satzteil.
2. Bestimme den Fall: Kreuze an.
3. Trage unten in der Tabelle zwei eigene Beispiele ein.

	Ersatzprobe mit Esel	**N**	**A**	**D**	**G**
Hat jemand meine Schuhe gesehen?	Hat der Esel meine Schuhe gesehen?	X			
Li versteckte ihr Tagebuch.					
Finn enthielt sich seiner Stimme.					
Mos Vater rasiert sich.					
Bitte zeig diesen Leuten den Weg!					
Leihst du mir das Buch?					
Der Ordner verwies den Fan des Platzes.					
Sie kriegt nie genug.					
Ihr dreht euch im Kreis!					
Im Garten stehen Tannen.					
Er reicht ihr die Hand.					
Ich habe alles im Griff.					

Alles klar?

- Verben verlangen nach Ergänzungen in einem bestimmten Fall.
  vertrauen: **Wer? Wem?** → Ich vertraue dem Vater. → ich = Nominativ, dem Vater = Dativ
- Auch Präpositionen können einen bestimmten Fall verlangen.
  Sie träumt von blauen Nelken. → **Von wem**? → von blauen Nelken = Dativ
  Er lacht über gute Witze. → **Über wen/was**? → über gute Witze = Akkusativ

① Bestimme die Fälle. Wende die Frageprobe und die Eselprobe an.

Manche Leute (a) schwärmen für himmelblaue Nelken (b).

a) Frageprobe: Wer schwärmt? → manche Leute

a) Ersatzprobe: Der Esel schwärmt für himmelblaue Nelken. Fall: N

b) Frageprobe: ____ → ____

b) Ersatzprobe: ____ Fall: ____

Warte nicht auf Blumen (c) in deiner Wunschfarbe. Färbe sie (d) selbst!

c) Frageprobe: ____ → ____

c) Ersatzprobe: ____ Fall: ____

d) Frageprobe: ____ → ____

d) Ersatzprobe: ____ Fall: ____

② Bestimme auch hier die Fälle. Wende in Gedanken die Proben an.

Blumen in deiner Lieblingsfarbe … So geht's:
Erkundige dich (a) beim Gärtner nach hellen Nelken (b). Notfalls nimmst du Gänseblümchen. Besorge dir (c) ein Reagenzglas und Tinte in deiner Wunschfarbe. Fülle das Reagenzglas (d) zu zwei Dritteln mit Tinte und gib noch etwas Wasser (e) dazu. Stelle es (f) dann in ein Trinkglas, damit es nicht umfallen kann. Zuletzt kommt die Blume hinein. Nun braucht man (g) etwas Geduld. Dann kann man sich an der selbst gefärbten Blume (h) erfreuen!

a) Fall: ____ b) Fall: ____ c) Fall: ____ d) Fall: ____

e) Fall: ____ f) Fall: ____ g) Fall: ____ h) Fall: ____

Knall auf Fall

Bestimme die Fälle. Wende in Gedanken die Frageprobe und die Eselprobe an.

Das Erbsen-Experiment	**N**	**A**	**D**	**G**
Du brauchst einen Plastikbecher, getrocknete Erbsen und Gips.	X			
Fülle den Becher zur Hälfte mit Wasser.				
Gib Gips hinein, bis ein kleiner Berg aus dem Wasser herausschaut.				
Rühre den Gips unter. Das Gipswasser soll frei von Klumpen sein.				
Fülle nun Erbsen in den Becher, bis dieser fast randvoll ist.				
Vermische die Erbsen mit der Gipsmasse.				
Die Erbsen sollen im Inneren des Gipses „gefangen" sein.				
Bald beginnt der Gips zu trocknen.				
Werden sich die Erbsen aus dem Gips herausboxen können?				
Achte darauf, die Masse mit Wasser immer ein wenig feucht zu halten.				
Berühre zwischendurch den Becher.				
Spürst du, dass er warm wird?				

Was passiert da eigentlich?	**N**	**A**	**D**	**G**
Im Innern des Bechers findet eine chemische Reaktion statt.	X			
Die chemische Reaktion setzt Wärmeenergie frei.				
Dabei wird das Wasser herausgetrieben und der Gips trocknet.				
Diesen Vorgang bezeichnet man als exotherme Reaktion.				
Wenn der Gips hart ist, nimmt er kein weiteres Wasser mehr auf.				
Das Wasser, das du nun nachgibst, wird von den Erbsen aufgenommen.				
Die Erbsen saugen sich mit Wasser voll und quellen auf.				
Dazu benötigen sie jedoch mehr Platz, als sie im festen Gips haben.				
Deshalb bekommt der Gips nach und nach Risse.				
Die Kraft in den Erbsen ist enorm.				
Sie entledigen sich des Gipses und „sprengen" sich frei.				

(nach Jessica Stuckstätte/Martin Zöllner: „Backpulverbombe und Gurkenstrom", Christophorus Verlag, Freiburg 2015)

Achtung Falle!

(1) Finde die Fallfehler! Markiere, verbessere und bestimme den richtigen Fall.

Das Experiment mit der Teebeutel-Rakete	Korrekt	Fall
Lass einmal einer kleinen Rakete starten!	eine kleine Rakete	A
Schnapp dir einen Schere und Streichhölzer.		
Hol dich einen Teebeutel und einen Porzellanteller.		
Schneide das obere Ende die Teebeutel ab.		
Des Beutelinhalts leerst du aus.		
Stell die Teebeutelhülle aufrecht auf dem Teller.		
Der Teller ist dein Startrampe.		
Zünde den Teebeutel vorsichtig an die obere Kante an.		
Schon siehst dir den Teebeutel nach oben steigen.		
Kannst du dich erklären, warum die Rakete steigt?		

(2) Weiter geht es mit korrekten Sätzen. Bestimme die Fälle.
Notiere über der markierten Stelle.

Was passiert da eigentlich?
N Die Teebeutelhülle brennt von oben nach unten ab.
Die Flamme erhitzt die Luft im Teebeutel.
Zu den Eigenschaften warmer Luft gehört, dass sie sich ausdehnt und aufsteigt.
Wenn die Hülle fast heruntergebrannt ist, hat die warme Luft genügend Kraft, um den Rest des Teebeutels mit in die Höhe zu ziehen.

Probier's mal mit …

(1) Markiere in allen Sätzen unter (3) das Prädikat ~~~~.

(2) Stelle jeweils die **Wer**-Frage und finde so das Subjekt. Markiere es ═══.

(3) Wende die Verschiebeprobe an. Zeichne die Satzglieder ein ⌊___⌋.

Der britische Autor Rudyard Kipling schrieb 1894 das berühmte *Dschungelbuch*.

Verschiebeprobe: ______________________________

In dieser Geschichte wächst das Findelkind Mowgli im indischen Dschungel auf.

Verschiebeprobe: ______________________________

Der Bär Balu und andere Dschungeltiere helfen dem jungen Mowgli.

Verschiebeprobe: ______________________________

Walt Disney machte aus diesem Stoff einen wunderbaren Zeichentrickfilm.

Verschiebeprobe: ______________________________

1967 kam das Dschungelbuch in die Kinos.

Verschiebeprobe: ______________________________

Der Song des Bären Balu* wurde für den Oscar nominiert.

Verschiebeprobe: ______________________________

** Probier´s mal mit Gemütlichkeit.*

(4) Nenne (neben der Verschiebeprobe) drei weitere Satzproben, mit denen man die Satzglieder bestimmen kann: ______________________________

____

Wähle einen Satz von (3) aus und wende alle Satzproben an. Schreibe auf.

Ein Satz – vier Proben

① Markiere in allen Beispielsätzen unter ③ das Prädikat ~~~.

② Stelle die **Wer**-Frage und bestimme das Subjekt. Unterstreiche es ═══.

③ Wende alle vier Proben an. Kennzeichne im Beispielsatz die Satzglieder └──┘.

	Li probiert gerne verschiedene Sportarten aus.
Verschiebeprobe:	
Ersatzprobe:	
Erweiterungsprobe:	
Weglassprobe:	

	Mo lässt es oft krachen.
Verschiebeprobe:	
Ersatzprobe:	
Erweiterungsprobe:	
Weglassprobe:	

	Finn recherchiert viele Themen im Internet.
Verschiebeprobe:	
Ersatzprobe:	
Erweiterungsprobe:	
Weglassprobe:	

Schreibe einen Satz über dein Hobby. Spiele Aufgabe ① bis ③ durch.

Der Fragenfächer

① Betrachte die Verben und die Fragen. Wähle zu jedem Verb mindestens zwei passende Fragen aus und bilde einen Satz. Schreibe die Sätze unten in die Tabelle.

Verben
tanzen
schenken
verbergen
geben
essen
beitreten
fallen
bedürfen
sich bewusst werden

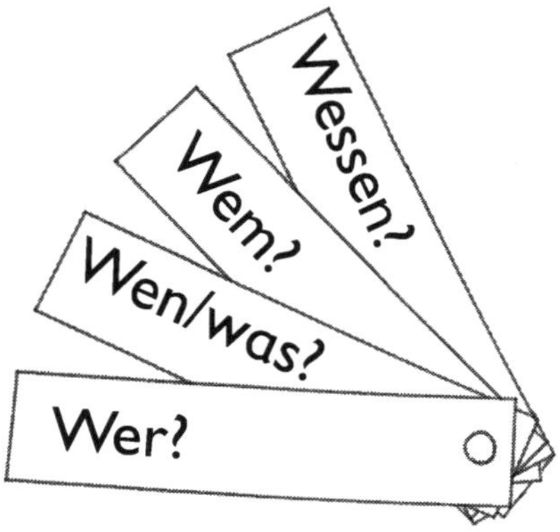

Verben	
tanzen	Sie tanzt einen Walzer.
schenken	
verbergen	
geben	
essen	
beitreten	
fallen	
bedürfen	
sich bewusst werden	

② Schreibe diese Tabelle in dein Heft und ordne deine Sätze aus ① zu.

Prädikat	Wer-Ergänzung Subjekt	Wen/was-Ergänzung	Wem-Ergänzung	Wessen-Ergänzung
tanzt	Sie	einen Walzer	—	—

Die Fragedetektive

Ein Satz besteht aus dem Verb (= Prädikat) und seinen Ergänzungen (= Satzgliedern).
- Die Wer-Ergänzung nennt man **Subjekt**. Das Subjekt steht im Nominativ.
- Die Wen/was-, Wem-, Wessen-Ergänzungen nennt man **Objekt**.
  Sie stehen im Akkusativ (Wen/was?), Dativ (Wem?) und Genitiv (Wessen?).

① Welche Fragen hat das Prädikat gestellt? Ordne zu.

a) Finn ersteigerte drei Sherlock Holmes-Kostüme.
b) Dieser Schuh gehört der alten Dame.
c) Der Dieb schämt sich seiner Tat.
d) Dem Kommissar bereitet sein neuester Fall Kopfzerbrechen.
e) Wir übergeben die Informationen der Spurensicherung.
f) Alle verdächtigen Personen haben wir befragt.
g) Wer kann der Polizei weitere nützliche Hinweise liefern?
h) Dieser Fall bedarf näherer Abklärung.
i) Dem Bürgermeister schicke ich einen ausführlichen Bericht.

	Wer? → Nominativ Subjekt	**Wen/was?** → Akkusativ- Objekt	**Wem?** → Dativ-Objekt	**Wessen?** → Genitiv-Objekt
a)	Finn	drei Sherlock Holmes-Kostüme	—	—
b)				
c)				
d)				
e)				
f)				
g)				
h)				
i)				

Weitere Fragen: Adverbiale

– Bei den Satz-Ergänzungen unterscheidet man **Subjekt**, **Objekt** und **Adverbial.**
– **Adverbiale** machen Angaben über Ort, Zeit, Art und Weise und Grund eines Geschehens.
Wo? Woher? → Adverbial des Ortes *Wie?* → Adverbial der Art und Weise
Wann? Wie lange? → Adverbial der Zeit *Warum?* → Adverbial des Grundes

① Betrachte Verben und Fragen. Wähle je drei Fragen aus und bilde einen Satz.

Verben
lesen
nehmen
schlafen
flüchten
erledigen
versprechen
gehorchen
trainieren
verdächtigen

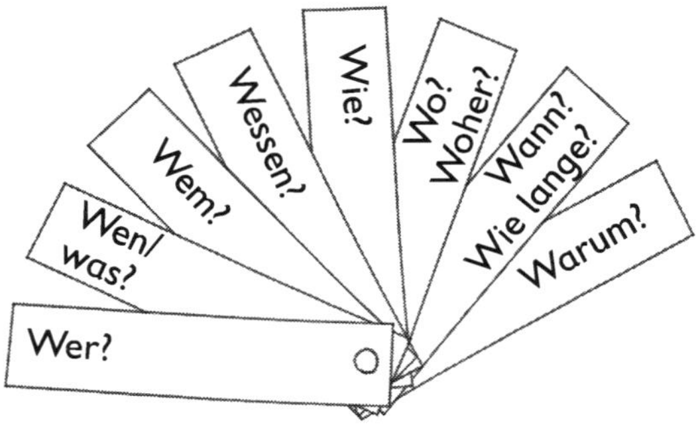

lesen: Abends im Bett liest Finn dicke Krimis.

nehmen: ______________________

schlafen: ______________________

flüchten: ______________________

erledigen: ______________________

versprechen: ______________________

gehorchen: ______________________

trainieren: ______________________

verdächtigen: ______________________

② Prüfe deine Sätze unter ①: Welche Fragen wurden beantwortet? Übermale farbig.
Subjekt: wer? = rot. Objekte: wen/was? = orange, wem? = grün, wessen? = gelb.
Adverbiale: wo/woher? = blau, wann/wie lange? = lila, wie? = grau, warum? = braun.

Welche Ergänzung ist es?

① Markiere in allen Sätzen das Prädikat.

② Kreuze in der Tabelle an, welche Ergänzungen die Sätze enthalten.

a) Neben der Parkbank / steht / seit Stunden / ein verbeulter Koffer.
b) Unauffällig / schleicht / Finn / davon.
c) Mo / überreicht / Li / in der Pause / feierlich / ein Geschenk.
d) Auf dem Weg zum Bahnhof / wirft / er / rasch / einen Brief / ein.
e) Wegen eines Poststreiks / werden / Briefe und Pakete / verspätet / zugestellt.
f) Ihr / wird / übel / mitgespielt.
g) Am Nachmittag / erzählt / Li / ihrer Freundin Sarah / das Geheimnis.
h) Der Schulleiter / bittet / die Lehrerin / in sein Büro.
i) Auf dem Tisch / steht / eine Vase mit Blumen.

	Subjekt	**Objekte**		**Adverbiale**			
	Wer?	Wen/ was?	Wem?	Wo? Woher?	Wann? Wie lange?	Wie?	Warum?
a	x			x	x		
b							
c							
d							
e							
f							
g							
h							
i							

③ Schreibe einen Satz mit den gewünschten Ergänzungen.

singen → Wer? Wie lange? Wo?

____

geben → Wer? Wem? Wen/was? Wie?

____

verraten → Wer? Wem? Wen/was? Warum?

____

Subjekt, Objekt und Adverbial

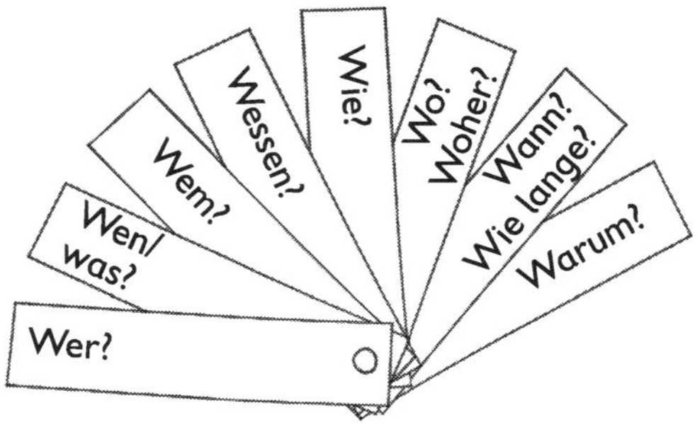

① a) Markiere in allen Sätzen das Prädikat.

b) Prüfe das Markierte: Welche **Frage** wurde vom Prädikat gestellt?

c) Trage ein, ob das Markierte Subjekt (S), Objekt (O) oder Adverbial (Ad) ist.

In der Suppe schwimmt ein Haar.	Frage: Wer?	Ergänzung: S
In der Suppe schwimmt ein Haar.	Frage: ________	Ergänzung: _____
Morgens verlässt er pfeifend das Haus.	Frage: ________	Ergänzung: _____
Morgens verlässt er pfeifend das Haus.	Frage: ________	Ergänzung: _____
Wegen Glatteis bleibt die Schule geschlossen!	Frage: ________	Ergänzung: _____
Wegen Glatteis bleibt die Schule geschlossen!	Frage: ________	Ergänzung: _____
Ich mache mir heute einen entspannten Tag.	Frage: ________	Ergänzung: _____
Ich mache mir heute einen entspannten Tag.	Frage: ________	Ergänzung: _____

② Schreibe Sätze mit den gewünschten Ergänzungen.

kochen → Wer? Er kocht.

arbeiten → Wer? Wo? ______________________

faulenzen → Wer? Wann? ______________________

küssen → Wer? Wen? Wo? ______________________

fragen → Wer? Wen? Wie? ______________________

schwimmen → Wer? Wie? Wie lange? ______________________

schreiben → Wer? Wem? Wen/was? Warum? ______________________

erzählen → Wer? Wem? Wen/was? ______________________

Bestimme die Ergänzungen in deinen Sätzen von ②.
Markiere so: Subjekt = rot, Objekte = grün, Adverbiale = blau.

Die Wortarten

Rätselkarten → auf dünnen Karton hochkopieren und ausschneiden.

1. Welcher Wortart gehören die Wörter an, die konkrete und abstrakte Dinge (z.B. Gefühle) bezeichnen?	2. Welche zwei Wortarten können sich in Nomen verwandeln? Nenne zwei Beispiele.	3. Nomen haben Begleiter. Wie nennt man diese Begleiter noch?
4. Nenne drei bestimmte Artikel.	5. Welche drei grammatischen Geschlechter kann ein Nomen haben?	6. Wie nennt man die Stellvertreter von Nomen?
7. Ein Pronomen, das anzeigt, wem etwas gehört, ist ein ...	8. Welches ist die Restgruppe der Wortarten?	9. Nenne drei Fragepronomen.
10. Nenne die Verben im Infinitiv: *sie sagt / er ist / ihr plaudert*	11. Nenne drei Hilfsverben.	12. REGELMÄSSIGES (R) oder UNREGELMÄSSIGES (U) Verb? Bestimme: *feiern / tun / trinken / leben*
13. Nenne das Merkmal REGELMÄSSIGER Verben.	14. Nenne das Merkmal UNREGELMÄSSIGER Verben.	15. Nenne die sechs Modalverben.
16. Nenne die Personalpronomen-Reihe, nach der man die Verben konjugiert.	17. Welche typischen Endungen treten auf, wenn man ein Verb im Präsens konjugiert (ich, du ...)?	18. Bilde das Partizip II: *malen / sprechen / warten*
19. Wie erkennst du ein Adjektiv?	18. Steigere die Adjektive: *witzig / billig*	21. Präposition und Artikel können verschmelzen. Trenne sie: *beim / ins / aufs / im / zum*

Lösungen → auf die Rückseite der Rätselkarten kleben. Spielanleitung auf S. 84.

1. Nomen	2. Verben und Adjektive	3. Artikel
4. der, die, das	5. maskulin/feminin/neutrum	6. Pronomen
7. Possessivpronomen	8. Partikeln	9. Wer? Was? Welche? ...
10. sagen / sein / plaudern	11. sein, haben, werden	12. R / U / U / R
13. Der Stammvokal bleibt gleich.	14. Der Stammvokal ändert sich.	15. dürfen / können / mögen / müssen / sollen / wollen
16. ich / du / er, sie, es / wir / ihr / sie (alle)	17. -e / -st / -t / -en / -t / -en	18. gemalt / gesprochen / gewartet
19. Wie ist es? / Man kann es steigern. / Man kann die Sandwichprobe machen.	20. witzig, witziger, am witzigsten / billig, billiger, am billigsten	21. bei dem / in das / auf das / in dem / zu dem

Grammatische Zeiten

Rätselkarten → auf dünnen Karton hochkopieren und ausschneiden.

1. Für welche Zeitstufe benutzt man das Präsens?	2. Wofür wird das Präteritum oft gebraucht?	3. Setze in die Befehlsform (= Imperativ): *sitzen / springen / laufen*
4. Nenne fünf grammatische Zeiten.	5. Wie wird das Perfekt gebildet?	6. Wie wird das Plusquamperfekt gebildet?
7. Wie wird das Futur I gebildet?	8. Bilde von folgenden Verben das Partizip II: *rufen / lachen / basteln*	9. Setze ins Präsens: *du sahst / es regnete / sie rannte*
10. Konjugiere das Hilfsverb SEIN im Präsens (ich, du, er, wir …).	11. Setze das Hilfsverb in der richtigen Zeit ein. Erkläre. *Ich war satt, weil ich viel gegessen* ________.	12. Setze das Hilfsverb in der richtigen Zeit ein. Erkläre. *Er ist müde, weil er nach Hause gerannt* ________.
13. Setze ins Präteritum: *wir lesen / ihr erzählt / sie nehmen*	14. Setze ins Futur I: *ich singe / du rechnest / er tanzt*	15. Bestimme die grammatische Zeit: *er hat geschlafen / sie ging / ich war gewesen*
16. Konjugiere das Hilfsverb HABEN im Präteritum (ich, du, er, wir …).	17. Konjugiere das Hilfsverb SEIN im Präteritum (ich, du, er, wir …).	18. Setze ins Perfekt: *wir turnen / ihr schreibt / sie sprinten*
19. Setze ins Plusquamperfekt: *ich rede / du reitest / er gewinnt*	20. Bestimme die grammatische Zeit: *wir hatten gewettet / du wirst verlieren / sie schwiegen*	21. Konjugiere das Hilfsverb HABEN im Präsens (ich, du, er, wir …).

Lösungen → auf die Rückseite der Rätselkarten kleben. Spielanleitung auf S. 84.

1. Gegenwart	2. Vergangenheit, Erzählform Märchen …	3. Sitz! Spring! Lauf!
4. Präsens, Präteritum, Perfekt, Plusquamperfekt, Futur I / II	5. Personalform von sein / haben im Präsens + Partizip II	6. Personalform von sein / haben im Präteritum + Partizip II
7. Personalform von werden im Präsens + Infinitiv	8. gerufen / gelacht / gebastelt	9. du siehst / es regnet / sie rennt
10. ich bin / du bist / er ist / wir sind / ihr seid / sie sind	11. hatte → Präteritum mit Plusquamperfekt	12. ist → Präsens mit Perfekt
13. wir lasen / ihr erzähltet / sie nahmen	14. ich werde singen / du wirst rechnen / er wird tanzen	15. Perfekt / Präteritum / Plusquamperfekt
16. ich hatte / du hattest / er hatte / wir hatten / ihr hattet / sie hatten	17. ich war / du warst / er war / wir waren / ihr wart / sie waren	18. wir haben geturnt / ihr habt geschrieben / sie sind gesprintet
19. ich hatte geredet / du warst geritten / er hatte gewonnen	20. Plusquamperfekt / Futur I / Präteritum	21. ich habe / du hast / er hat / wir haben / ihr habt / sie haben

Satz I

Rätselkarten → auf dünnen Karton hochkopieren und ausschneiden.

1. Was ist eine direkte Rede?	2. Wo kann der Begleitsatz überall stehen?	3. Welches ist der Begleitsatz? „Ich finde“, sagte Finn, „dein Kleid wunderschön.“
4. Verwandle in einen indirekten Fragesatz: *Li will wissen: „Wohin geht Mo?“*	5. Verwandle in eine direkte Frage: *Mo fragt, ob Finn mitkommt.*	6. Verwandle in einen indirekten Fragesatz: *Er fragt: „Fahren wir mit dem Zug?“*
7. Verwandle in eine direkte Frage: *Mo fragt, was er üben soll.*	8. Finde die Bindewörter: *Finn übt, obwohl er alles bereits kann. / Li zögert, weil sie nachdenken muss.*	9. Finde die Bindewörter: *Während er übte, hörte er Musik. Wo warst du, als ich dich anrief?*
10. Welche Bindewörter passen? *______ alles klappt, reist Li nach Japan. / Sie hofft, ______ es klappt.*	11. Welche Bindewörter passen? *Mo will Bäcker ______ Koch werden. / Sie niest, ______ sie krank ist.*	12. Wo fehlt das Komma? *Sie kam heim setzte sich an den Tisch und erledigte die Hausaufgaben.*
13. Wo fehlt das Komma? *Mo jammerte weil ein Test anstand. / Als der Test vorbei war war er heilfroh.*	14. Wo fehlt das Komma? *Er liest Comics oder Mangas aber keine Romane.*	15. Bestimme Haupt- und Nebensatz: *Mo kratzt sich am Kopf, weil er Läuse hat.*
16. Bestimme Haupt- und Nebensatz: *Li ist glücklich, wenn sie tanzt.*	17. Bestimme den Nebensatz: *Finn hilft, auch wenn er es ungern tut, bei der Gartenarbeit.*	18. Bestimme den Nebensatz: *Seit er Li kennt, sieht Mo die Welt rosarot.*

Lösungen → auf die Rückseite der Rätselkarten kleben. Spielanleitung auf S. 84.

1. Wörtliche Rede	2. Vor, nach oder inmitten der direkten Rede.	3. sagte Finn
4. Li will wissen, wohin Mo geht.	5. Mo fragt: „Kommt Finn mit?“	6. Er fragt, ob wir mit dem Zug fahren.
7. Mo fragt: „Was soll ich üben?“	8. obwohl / weil	9. während / als
10. Wenn / dass	11. oder / weil	12. … heim,
13. … jammerte, / … vorbei war,	14. … Mangas,	15. Mo … = Hauptsatz weil … = Nebensatz
16. Li … = Hauptsatz wenn … = Nebensatz	17. auch wenn er es ungern tut	18. Seit er Li kennt

Satz II: Die vier Fälle / Satzglieder

Rätselkarten → auf dünnen Karton hochkopieren und ausschneiden.

1. Nenne die vier Fälle.	2. In welchem Fall steht das Subjekt immer?	3. Mit welchen zwei Proben kannst du den Fall bestimmen?
4. Bestimme den Fall: Finn schenkt Li ein Armband.	5. Bestimme den Fall: Mo schenkt Li ein rotes Haarband.	6. Bestimme den Fall: Die Ärztin gipst das gebrochene Bein.
7. Mach die Frageprobe und bestimme den Fall: *Die Lehrerin unterrichtet die Klasse seit einem Jahr.*	8. Mach die Ersatzprobe (= Eselprobe). Bestimme den Fall: *Das Buch gehört meiner Nachbarin.*	9. Bestimme den Fall: *Der Lehrer meiner Schwester trägt eine Brille.*
10. Bestimme den Fall: *Li liegt mit Fieber im Bett.*	11. Nenne die vier Satz-Proben, mit denen du die Satzglieder findest.	12. Ist der markierte Teil ein Satzglied? Begründe. *Der Detektiv sucht seine Lupe.*
13. Ist der markierte Teil ein Satzglied? Begründe. *Die Maske des Einbrechers sitzt schief.*	14. Bestimme das Subjekt: *Im Garten stehen alte Kirschbäume.*	15. Bestimme das Subjekt: *Ihr gefallen Katzen mit grünen Augen.*
16. Bestimme das Prädikat: *Li nahm an einem Tanzwettbewerb teil.*	17. Bestimme das Akkusativ-Objekt: *Fischers Fritz fischt freitags frische Fische.*	18. Bestimme das Genitiv-Objekt: *Der Gauner war sich seiner Lüge bewusst.*

Lösungen → auf die Rückseite der Rätselkarten kleben. Spielanleitung auf S. 84.

1. Nominativ / Akkusativ / Dativ / Genitiv	2. Nominativ	3. Frageprobe und Ersatzprobe (= Eselprobe)
4. Dativ	5. Akkusativ	6. Nominativ
7. Wen unterrichtet sie? → die Klasse = Akkusativ	8. Das Buch gehört meinem Esel. → Dativ	9. Genitiv
10. Dativ	11. Verschiebe-, Weglass-, Ersatz-, Erweiterungsprobe	12. Ja → zusammen verschiebbar.
13. Nein → nur mit „die Maske“ verschiebbar.	14. alte Kirschbäume	15. Katzen mit grünen Augen
16. nahm teil (teilnehmen)	17. frische Fische	18. seiner Lüge

Spielanleitung: Spielt zu dritt oder zu viert. Zieht reihum ein Kärtchen, lest die Rätselfrage vor und beantwortet sie. Ist die Antwort richtig, darf die Karte behalten werden; ist sie falsch, wird die Karte wieder unter den Stapel gemischt. Wer am Ende die meisten Karten besitzt, ist Grammatikmeister oder Grammatikmeisterin!

Die Wortarten – Lernkontrolle

Name:

① Markiere Nomen, Pronomen, Artikel, Verben, Adjektive und Partikeln.
Wähle für jede Wortart eine andere Farbe.

Arthur Fry ist ein amerikanischer Erfinder und Wissenschaftler. Sicher kennst du die kleinen, wiederverwendbaren Klebezettel. Die hat *er* erfunden!
Vor etwa 50 Jahren hörte Arthur Fry von einer Erfindung seines Kollegen Spencer Silver. Dieser hatte einen neuen Klebstoff mit einer ungewöhnlichen Eigenschaft entwickelt: Der Klebestoff haftete an jedem Objekt und konnte mühelos wieder entfernt werden. Damals suchte Silver nach einer passenden Verwendung für seinen Klebstoff, fand aber keine. Fry soll in der Kirche gewesen sein, als er die perfekte Idee hatte. Er sang im Kirchenchor und ärgerte sich über seine Lesezeichen aus Papier. Ständig flatterten sie ihm aus dem Gesangsbuch! An jenem Tag 1974 fiel ihm ein, dass er die Lesezeichen mit Silvers Klebstoff bestreichen könnte. Der ablösbare Klebezettel war erfunden!

→ Ich kenne die Wortarten.

② a) Vervollständige die Tabelle mit verwandten Wörtern.
b) Nenne **je vier** typische Endungen für Nomen und Adjektive.

Nomen: ____

Adjektive: ____

Nomen	**Verb**	**Adjektiv**
Freude		
	schmeicheln	
		gruselig
Schönheit		
	sich wundern	
		lieblich
Kostbarkeit		
	verwandeln	

→ Ich erkenne Wortverwandtschaften.

Die Wortarten – Lernkontrolle

Name:

③ Verb, Adjektiv oder Nomen? GROSS- oder Kleinschreibung? Übermale den korrekten Buchstaben.

Arthur Fry mag das (S/s)ingen. Er liebt es, im Kirchenchor zu (S/s)ingen. Beim (S/s)ingen hatte er die Idee mit den Klebezetteln. Auch das (E/e)rfinden macht Fry Freude. Das (P/p)raktische an seiner Erfindung ist, dass die Klebezettel (W/w)ieder-verwendbar sind. Finn findet sie auf jeden Fall richtig (T/t)oll. „Was ist denn das (T/t)olle daran?", fragt Mo. Das (E/e)rklären fällt Finn leicht. „Ich finde es (W/w)underbar, dass sie überall haften." Li ergänzt: „Und sie bringen Farbe in den (G/g)rauen Alltag. Das ist doch etwas (S/s)chönes!"

→ Ich kann Verben und Adjektive, die in Nomen umgewandelt wurden, erkennen.

④ Bestimme die Wortart des markierten Wortes. Begründe.

Sie ist ein sportliches Mädchen. → Wortart: ______________________

Begründung: ____

Ihm höre ich gerne zu. → Wortart: ______________________

Begründung: ____

Üben ist anstrengend! → Wortart: ______________________

Begründung: ____

Finn ist ein schlauer Gesprächspartner. → Wortart: ______________________

Begründung: ____

Beim Lachen gluckst Mo laut. → Wortart: ______________________

Begründung: ____

Mos Hund liegt unter dem Tisch. → Wortart: ______________________

Begründung: ____

→ Ich kann die Wortarten bestimmen.

→ Ich kenne typische Merkmale der verschiedenen Wortarten.

Grammatische Zeiten – Lernkontrolle

Name:

① a) Markiere die Verben und bestimme die grammatische Zeit.

Alles wird gut werden. → ______________________

Heute ist sie zum Bus gerannt. → ______________________

In den Bergen wird es wohl geschneit haben. → ______________________

Li trägt in der Schule eine Brille. → ______________________

Zum Üben hatte er keine Zeit gehabt. → ______________________

Wir kurvten auf Skiern ins Tal. → ______________________

Mos Eltern sind in Asien gewesen. → ______________________

Oma wird begeistert sein. → ______________________

Auf diesen Brief hatte Li lange gewartet. → ______________________

Am Wochenende schlafe ich aus. → ______________________

Mos Hund grub einen Knochen aus. → ______________________

Sie werden beim Training gewesen sein. → ______________________

b) Schreibe die Sätze in der gewünschten Zeit auf.

Finn liest ein spannendes Buch.

Präteritum: ______________________

Plusquamperfekt: ______________________

Futur I: ______________________

Perfekt: ______________________

Li fuhr an den Bodensee.

Futur I: ______________________

Plusquamperfekt: ______________________

Präsens: ______________________

Perfekt: ______________________

→ Ich kenne Präsens, Präteritum, Perfekt, Plusquamperfekt, Futur I und Futur II. Ich kann Verben in diese Zeiten setzen.

② a) Fülle die Tabelle aus. Kreuze an, ob es REGELMÄSSIGE (R) oder UNREGELMÄSSIGE (U) Verben sind.

Vollverb im Präsens	**Präteritum**	**Perfekt**	**R**	**U**
ich klettere				
ich rufe an				
ich überlege				
ich pfeife				
ich renne				

b) Was ist das Merkmal UNREGELMÄSSIGER Verben? Erkläre.

____

c) Erkläre, was Hilfsverben sind. Nenne drei Hilfsverben im Infinitiv.

____

____

d) Schreibe die sechs Modalverben auf.

____

→ Ich kenne Vollverben, Hilfsverben und Modalverben, REGELMÄSSIGE und UNREGELMÄSSIGE Verben.

③ Setze die Verben in der Klammer in die richtige Person und Zeit.

Der Vater (sein) ____________ stolz, weil Finn eine gute Note geschrieben hat.

Lis Wangen glühen, nachdem ihr Tanzpartner sie (loben) ____________.

Bevor die Lehrerin ins Zimmer trat, (anklopfen) ____________ sie ____________.

In der Küche ist nichts Essbares mehr, weil Mo alles (essen) ____________.

Nachdem sich die Mutter kurz geärgert hatte, (verzeihen) ____________ sie Mo.

Finn grübelt, was er bei dem Experiment falsch (machen) ____________.

Sie hatten eine Liste geschrieben, bevor sie (einkaufen) ____________.

→ Ich kann Präsens mit Perfekt verwenden.

→ Ich kann Präteritum mit Plusquamperfekt verwenden.

Satz I – Lernkontrolle

Name:

(1) a) Markiere die direkte Rede blau und die Begleitsätze grün.
b) Setze die Satzzeichen rot ein.

Herr Meier geht ins Zoogeschäft und
fragt Haben Sie einen sprechenden Papagei
Nein Aber ich habe da einen Specht sagt der Verkäufer
Kann der Specht denn sprechen will Herr Meier wissen
Nein antwortet darauf der Verkäufer aber er kann morsen

Eine Katze hockt vor dem Mauseloch Die Mäusemutter piepst Wau wau wuff Die Katze flieht erschrocken Die Mäusekinder klatschen ihrer Mutter zu Darauf sagt die Mäusemutter stolz Ich habe euch schon immer gesagt dass es gut ist eine Fremdsprache zu sprechen

→ Ich kenne die direkte Rede und den Begleitsatz.
→ Ich kann die passenden Satzzeichen setzen (. : „ “ ? ! ,) .

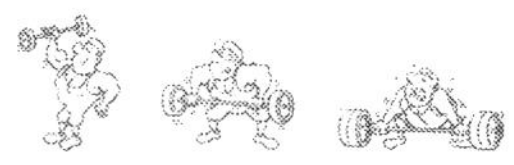

(2) Bilde aus diesen direkten Fragen indirekte Fragesätze.

Die Mutter fragt: „Wohin geht Li?“ → ______________________________

Mo will wissen: „Ist morgen Unterricht?“ → ______________________________

Finn fragt Mo: „Hast du gelernt?“ → ______________________________

→ Ich kann indirekte Fragesätze bilden.

(3) Markiere Haupt- und Nebensatz verschiedenfarbig und beschrifte sie (Hs, Ns).

Li nahm, da sie fror, ein warmes Bad.

Finn winkte, schwang sich auf sein Fahrrad und fuhr davon.

Mo bog rasant, ohne sich umzusehen, nach links ab.

Nachdem das Feuerwerk zu Ende war, zogen sie mit Taschenlampen heim.

Sie telefonierte, obwohl sie kaum Zeit hatte.

Finn war sauer, weil Mo ihn hatte warten lassen.

→ Ich kann Haupt- und Nebensätze voneinander unterscheiden.

Name:

④ a) Ordne die Sätze in die Tabelle ein.

Der Kochprofi sagt, dass Gemüse gesund ist. / Viel Gemüse und Obst kommt aus Italien. / Weil die Tomate so lecker aussieht, esse ich sie / Wasche den Salat, putze ihn und richte ihn an. / Zitronenschale, die gespritzt ist, soll man nicht verzehren.

Einfacher Hauptsatz	
Satzreihe	
Hs + Ns	
Ns + Hs	
Hs + Ns + Hs	

b) Erfinde eigene Sätze!

Satzreihe: ______________________________

Hs + Ns ______________________________

Ns + Hs ______________________________

→ Ich kann Haupt- und Nebensätze voneinander unterscheiden.
→ Ich kann eingeschobene Teilsätze erkennen.

⑤ Verbinde die Sätze mit dem gewünschten Bindewort. Setze die Kommas.

Mo hat keine Lust. Er macht Hausaufgaben. → obwohl

____

Wir treffen uns in der Stadt. Die Schule ist aus. → wenn

____

Mo hat Limonade getrunken. Mo rülpst. → nachdem

____

Der Lehrer hat Finn nicht gelobt. Finn ist enttäuscht. →weil

____

→ Ich kann Sätze mit passenden Bindewörtern verbinden.
→ Ich setze die Kommas korrekt.

 Name:

① Wende die Frageprobe und die Ersatzprobe (= Eselprobe) an und bestimme die Fälle.

	N	A	D	G
Finns Onkel malt wunderschöne Bilder. Frageprobe: ____________________ Ersatzprobe: ____________________				
Li bestellt ihrer Tante einen Kaffee. Frageprobe: ____________________ Ersatzprobe: ____________________				
Wegen eines Sturms hat Mos Zug Verspätung. Frageprobe: ____________________ Ersatzprobe: ____________________				

→ Ich kann die vier Fälle Nominativ (N), Akkusativ (A), Dativ (D) und Genitiv (G) mithilfe der Frage- und Ersatzprobe bestimmen.

② Markiere das Prädikat ﹏﹏ und das Subjekt ═══.

Mo erzählt jeden Tag von seinem Knallerbsen-Experiment.

Meistens hört ihm Finn sehr interessiert zu.

Li wartet vor der Haustüre auf ihre Freundin.

Zusammen gehen die Mädchen ins Kino.

Der Film gefällt den beiden Mädchen sehr gut.

→ Ich kann das Prädikat (= den Satzkern) und das Subjekt bestimmen.

Name:

③ a) Markiere das Prädikat ~~~~ und das Subjekt ═══.

b) Wende alle vier Satzproben an.

c) Zeichne beim Beispielsatz die Satzglieder └──┘ ein.

	Mo fächelt sich mit dem Fächer frische Luft zu.
Verschiebeprobe:	
Ersatzprobe:	
Erweiterungsprobe:	
Weglassprobe:	

	Seit einem Jahr schwärmt Li heimlich für Mo.
Verschiebeprobe:	
Ersatzprobe:	
Erweiterungsprobe:	
Weglassprobe:	

→ Ich kenne die Verschiebe-, Ersatz-, Erweiterungs- und Weglassprobe.

→ Ich kann in einem Satz die Satzglieder bestimmen.

④ Wähle zu jedem Verb passende Fragen aus. Bilde Sätze mit mindestens drei Ergänzungen.

bestellen	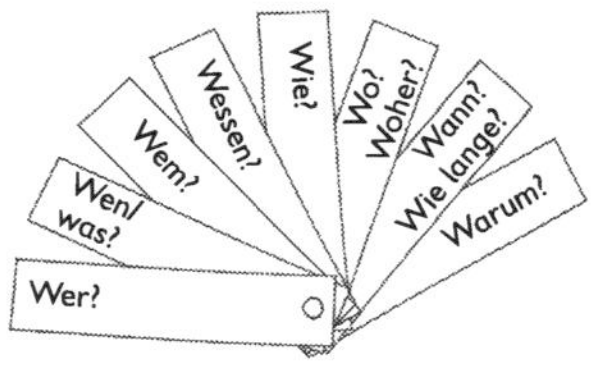
erzählen	
anklagen	

____

____

____

→ Ich kann mithilfe des Fragenfächers Satz-Ergänzungen (= Subjekt, Objekt, Adverbial) finden.

Lösungen

Die Wortarten

- **KV 1:** 1. Nomen: Waschzuber, Badewanne, Familie, Reihe, Badewasser, Erwachsenen, Kinder, Schmutzbrühe, Wohnungen, Deutschland, Badezimmer, Leute, Wasser, Töpfen, Herd, Waschzuber, Glück, Menschen, Mietshäusern, Waschkammer, Regel, Kupferwanne, Holzofen, Zeitplan, Durchlauferhitzer, Wohnungen, Wasser, Leitungen / Artikel: die, der, das, Die, die, eine, die, die, das, dem, die, der, eine, einem, der, den, den / Pronomen: sich, sie / Verben: teilte, badeten, mussten … warten, blieb … übrig, waren, mussten … erwärmen, kippen, hatten, stand, wurde … geplanscht, sorgte, sprudelte / Adjektive: ganze, eklige, meisten, eigenes, riesigen, Mehr, gemeinsamer, eingebautem, strengen, letzten, warmes / Partikeln: Vom, zur, Früher, nach, zuerst, für, nur, Noch, in, ohne, Darum, in, auf, und, in, in, mit, Dort, in, mit, Aber, auch, hier, nach, Dann, endlich, dafür, dass, auch, in, aus / Lupe: Ein Erhitzer, durch den etwas (Wasser) durchläuft → ein Durchlauferhitzer ist ein Gerät, das durchlaufendes Wasser erhitzt. / 2. Mögliche Lösungen: glücklich, Schmutz – verschmutzen – schmutzig, Seife – einseifen – seifig, Wärme – wärmen – warm, Erwachsene – wachsen – erwachsen, Wasser – wässern – wässerig
- **KV 2:** 1. Nomen: Dankbarkeit, Angst, Glück, Nacht, Gelegenheit / Pronomen: du, ihre, er, wer, meine / Verben: hatte, bist, singt, brauchen, warnen / Adjektive: laut, lieblich, schweigsam, wunderbar, eklig / Partikeln: zu, und, auf, hurra, hinter / 2. alte → Adjektiv, Begründung: steigerbar (alt, älter, am ältesten) / unter → Partikel, Begründung: nicht veränderbar
- **KV 3:** 1. Nomen: Buchdruck, Prozess, Schriften, Bilder, Vorlage, Flächen, Weise, Werke, Stückzahl, Erfinder, Buchdrucks, Johannes Gutenberg, Jahrhundert, Lettern, Buchstaben, Druckerpresse, Gutenberg-Bibel, Gutenbergs, Erfindung, Welt, Aufgabe, Mönche, Klöstern, Bücher, Hand, Angelegenheit / Verben: ist, übertragen … vervielfältigt werden, kann, herstellen, ist, entwickelte, druckte, veränderte, war, abzuschreiben, vervielfältigen, war / Adjektive: mechanischer, ebene, grosser, modernen, auswechselbare, berühmte, langwierige, teure / Pronomen (davon <u>Artikel</u>): <u>Der</u>, <u>ein</u>, <u>dem</u>, <u>einer</u>, diese, man, <u>Der</u>, <u>des</u>, Er, <u>eine</u>, er, seine, <u>die</u>, es, <u>die</u>, <u>der</u>, <u>den</u>, Das, <u>eine</u> / Partikeln: bei, und, von, auf, und, Auf, man, in, im, und, Damit, Zuvor, nämlich, in, von, und, zu, und / 2. Er → (Personal-) Pronomen, Begründung: durch ein Nomen ersetzbar / brauche → Verb, Begründung: kann man in verschiedene Personen und Zeiten setzen / Verwechslung → Nomen, Begründung: hat einen Artikel (eine), ist durch ein Pronomen ersetzbar
- **KV 4:** 1. Mögliche Lösungen: Gesang – singen – gesanglich, Wirkung – wirken – wirksam, Ruhe – ruhen – ruhig, Trost – trösten – tröstlich, Brennholz – brennen – brennbar, Sauberkeit – säubern – sauber, Fäulnis – (ver)faulen – faulig, Glaube – glauben – gläubig, Musik – musizieren – musikalisch / **Lupe:** Nomen = -keit, -heit, -ung, -ling, -schaft, -nis, -tum, -erei; Adjektive = -ig, -lich, -bar, -isch, -haft, -sam, -los
- **KV 5:** 1. Verben: erfinden, wissen, leiten, rechnen, schaden / Adjektive: geheim, fremd, reich, berühmt, pünktlich, übel, selten / 2. Erfindung, Wissenschaft, Geheimnis, Fremdheit oder Fremdling, Reichtum, Leitung, Berühmtheit, Pünktlichkeit, Rechnerei oder Rechnung, Übelkeit, Seltenheit, Schädling
- **KV 6:** 1. kluger, Klügere, kluger, Kluges, Kluges, Gutes, Gutes, gutes, Gute, gute, schönen, Schönes, Schönes, schöne, witzig, Witziges, witzigen, witzigen, fantasievolle, Fantasievolle, Fantasievolles
- **KV 7:** 1. Singen, singen, tanzen, Tanzen, tanzen, tanzen, Gehen, gehen, gehen, helfen, Helfen, kochen, kochen, Kochen, Kochen, kochen, schlafen, Schlafen, warten, Warten, warten, Warten, Warten, Einkaufen, Einkaufen, einkaufen, Einkaufen / 2. Das Üben ist wichtig. Beim Schlafen schnarcht er. Zum Essen trinke ich immer Tee. Danke fürs Mitnehmen. Dein Lächeln finde ich schön.
- **KV 8:** 1. Vorführen, aufhalten, aussuchen, umfallen, zuhören, aufschreiben, nachmachen, abholen, hinlegen
- **KV 9:** 2a) ausmalen, durchstreichen, losheulen, nachsprechen, vorbeirennen / 3. passt … auf, essen, Iss … auf, mahnt, kaut, pickt … auf, beeilt, will … gehen, ist, putzt, ziehst … an, sagt, räumt … ab, erledigt, gesagt hat, schlüpft, ruft, bin, Erzählst, kommt, holt, schlägt … auf, liest … vor, mag, hört … zu, klappt … zu, singt … vor, umarmt, bist, flüstert, macht … zu, schläft … ein
- **KV 10:** 1. Aktiv: 1., 4., 5., 6., 8., 12. Satz / Passiv: 2., 3., 7., 9., 10., 11. Satz / **Stern:** Umwandlung in Passivsätze: Ein neuer Tanzschritt wird (von Li) eingeübt; dem Publikum wird vorgetanzt werden; die Hefte werden (vom Lehrer) verteilt; eine schwere Tasche wird (von Li) geschleppt. Umwandlung in Aktivsätze: Halt, ich habe dieses Kostüm noch nicht gewaschen; Finn schrieb den besten Aufsatz; der Schaffner knipst die Fahrkarten; Opa mäht immer unseren Rasen.
- **KV11:** 1. unliebsame, weichem, dumm, dunkle, kleiner, fluffigem, schnell, hart, unbrauchbar, konzentriert, blind, glücklicher / 2. weich – weicher – am weichsten, dumm – dümmer – am dümmsten, dunkle – dunkler – am dunkelsten, klein – kleiner – am kleinsten; fluffig – fluffiger – am fluffigsten / 3. das harte Sandwich, das unbrauchbare Sandwich, das konzentrierte Sandwich, das blinde Sandwich, das glückliche Sandwich
- **KV 12:** 1. merkwürdiges, voller, neuen, hellroten, echte, gelber, gestreifte, gepunkteten, komische, kleinen, grüne, verrückter, nächsten, besten, ganzen
- **KV 13:** 1. Sie, sie, ihn, ihr, wir, es, ihr, ihm, euch, uns / 2. mein Hut, meine Mütze, mein Shirt; deinen Hut, deine Mütze, dein Shirt; seinen Hut, seine Mütze, sein Shirt; ihren Hut, ihre Mütze, ihr Shirt; unseren Hut, unsere Mütze, unser Shirt; euren Hut, eure Mütze, euer Shirt; ihren Hut, ihre Mütze, ihr Shirt / 3. du, er, Ich, Wir, Sie, mir, wem, du, ihr, das, ihr, mir, mir, dein, Welche, du, keine, ich
- **KV14:** 1. die, Diese, diejenige, die, diejenige, Die, diese, Die, die, die, die, Der / 2. … nur etwas Gutes … Man sagt … Niemand kann … Hat jemand ein … Manche mögen … Kein Schwein … kann ich nichts … um mehrere Personen … reden alle fröhlich … nicht alles zu … dass jeder sich
- **KV 15:** 1. welche – die Turnschuhe, der – Mein kleiner Bruder, was – etwas, dessen – Der Lehrer, / 2. dem – der Mann, die – Die Frau, den – dem Baum, welche – die vielen Abenteuer, was – alles / 3. der, das (welches), die, deren, was, den
- **KV 16:** 1. zu dem Bahnhof, zu der Schule, an das Wasser, an dem Wegrand, in dem Zug, von dem Nachbar, in das Haus / 2. a) Nomen: Puder, Seife, König, Ludwig XIV., Mal, Leben, Jahrhundert, Menschen, Wasser, Gift, Pest, Opfern, Waschen, Poren, Wasserscheu, Europa, Paradies, Parasiten, Leute, Pudern, Parfümieren, Sumerer, Jahre, Seife, Jahrhundert, Biologe, Louis Pasteur, Wiederentdeckung, Krankheiten, Bakterien, Seife, Baden, Waschen / Verben: soll … gebadet haben, glaubten, sei, schlummere, schlüpfe, machte, baden, verlegten, hatten … erfunden, verhalf, erkannte, übertragen werden, durfte, fehlen / Adjektive: französische, stinkreichen, alten / Pronomen (davon <u>Artikel</u>): <u>Der</u>, <u>die</u>, <u>Die</u>, ihren, <u>die</u>, seine, sich, <u>die</u>, <u>die</u>, ihr, <u>der</u>, Er, <u>die</u> / 2. b) Partikeln: Vom, zur, nur, im, Im, nämlich, darin, und, beim, in, Von, wegen, Erst, zum, für, Anstatt, zu, aufs, und, Dabei, bereits, zuvor, Aber, erst, im, zur, dass, von, Von, da, an, beim, und, nicht, mehr / 2. c) Vom, zur, im, Im, beim, zum, aufs, im, zur, beim
- **KV17:** 1. Präpositionen des Ortes: auf dem Tisch, hinter dem Bett, über dem Kopf, unter dem Schuh, vor meinen Augen, in der Schule, neben dem Fenster; Präpositionen der Zeit: bis heute, seit den Ferien, um 0 Uhr, ab jetzt, in seiner Kindheit, während des Unterrichts
- **KV18:** 1. diskutieren über, ängstigt sich vor, denkt an, träumt von, interessiert sich für, fragt nach, ärgere mich über, dank dir für, befassen wir uns mit, glaubst du an, hör auf / 2. Während wessen? N; ohne wen/was? A; bei wem/was? D; nach wem/was? D; durch wen/was? A; gegen wen/was? A; wegen wessen? G; inmitten wessen? G; um wen/was? A; mit wem? D

Grammatische Zeiten

- **KV1:** 1. Präsens: (ich) habe geschrieben, hatte geschrieben, werde schreiben; (du) schriebst, hast geschrieben, hattest geschrieben, wirst schreiben; (er/sie/es) schrieb, hat geschrieben, hatte geschrieben, wird schreiben; (wir) schrieben, haben geschrieben, hatten geschrieben, werden schreiben; (ihr) schriebt, habt geschrieben, hattet geschrieben, werdet schreiben; (sie alle) schrieben, haben geschrieben, hatten geschrieben, werden schreiben / 2. werden … lernen = Fu. I, gingen = Prät., war … ausgerutscht = Plusq., helfe = Präs., seid … gelaufen = Perf., verstehen = Präs., bist … gefallen = Perf., hörte = Prät., werden … bleiben = Fu. I, Hast … gegessen = Perf., hattest … verlegt = Plusq.
- **KV2:** 1. und 2. ich wartete, ich habe gewartet, R; ich warf, ich habe geworfen, U; ich schwamm, ich bin geschwommen, U; ich pfiff, ich habe gepfiffen, U; ich erzählte, ich habe erzählt, R; ich rannte, ich bin gerannt, U; ich sang, ich habe gesungen, U; ich trommelte, ich habe getrommelt, R; ich schnitt, ich habe geschnitten, U; ich verkaufte, ich habe verkauft, R; ich lag, ich war/bin gelegen, U; ich wanderte, ich bin gewandert, R; ich verlor, ich habe verloren, U
- **KV3:** 1. und 2. klatschen: er klatscht, er klatschte, er hat geklatscht, er hatte geklatscht, er wird klatschen, R / hören: er hört, er hörte, er hat gehört, er hatte gehört, er wird hören, R / stolpern: er stolpert, er stolperte, er ist gestolpert, er war gestolpert, er wird stolpern, R / gehen, U: er geht, er ging, er ist gegangen, er war gegangen, er wird gehen, U / fangen: er fängt, er fing, er hat gefangen, er hatte gefangen, er wird fangen, U / tragen: er trägt, er trug, er hat getragen, er hatte getragen, er wird tragen, U / fragen: er fragt, er fragte, er hat gefragt, er hatte gefragt, er wird fragen, R / bleiben, U: er bleibt, er blieb, er ist geblieben, er war geblieben, er wird bleiben, U / machen: ich mache, ich machte, ich habe gemacht, ich hatte gemacht, ich werde machen, R
- **KV4:** SEIN: du bist, du warst, du bist gewesen, du warst gewesen, du wirst sein, er ist, er war, er ist gewesen, er war gewesen, er wird sein, wir sind, wir waren, wir sind gewesen, wir waren gewesen, wir werden sein, ihr seid, ihr wart, ihr seid gewesen, ihr wart gewesen, ihr werdet sein, sie sind, sie waren, sie sind gewesen, sie waren gewesen, sie werden sein / HABEN: ich habe, ich hatte, ich habe gehabt, ich hatte gehabt, ich werde haben, du hast, du hattest, du hast gehabt, du hattest gehabt, du wirst haben, er hat, er hatte, er hat gehabt, er hatte gehabt, er wird haben, wir haben, wir hatten, wir haben gehabt, wir hatten gehabt, wir werden haben, ihr habt, ihr hattet, ihr habt gehabt, ihr hattet gehabt, ihr werdet haben, sie haben, sie hatten, sie haben gehabt, sie hatten gehabt, sie werden haben / WERDEN: ich werde, ich wurde, ich bin geworden, ich war geworden, ich werde werden, du wirst, du wurdest, du bist geworden, du warst geworden, du wirst werden, sie ist, sie war, sie ist geworden, sie war geworden, sie wird werden, wir werden, wir wurden, wir sind geworden, wir waren geworden, wir werden werden, sie sind, sie waren, sie sind geworden, sie warten geworden, sie werden werden
- **KV5:** 1. du darfst, du durftest, du wirst dürfen, ihr könnt, ihr konntet, ich werdet können, sie mögen, sie mochten, sie werden mögen, ich muss, ich musste, ich werde müssen, er soll, er sollte, er wird sollen, wir wollen, wir wollten, wir werden wollen / 2. Das wirst du auch bald können = 2. Person Singular Futur I. Mein Vater und ich sollten die Welt retten = 1. Person Plural Präteritum. Sie hatten ein Geheimnis = 3. Person Plural Präteritum. Es regnete in Strömen = 3. Person Singular Präteritum. Wo warst du gewesen? = 2. Person Singular Plusquamperfekt. Ich habe dich vermisst = 1. Person Singular Perfekt. Nein, ich wollte dich … nehmen = 1. Person Singular Präteritum / **Stern:** Das kannst du auch bald. Mein Vater und ich sollen die Welt retten. Sie haben ein Geheimnis. Es regnet in Strömen. Wo bist du? Ich vermisse dich. Nein, ich will dich nicht auf den Arm nehmen.
- **KV6:** 1. Mo blutet, weil er mit dem Fahrrad gestürzt ist. Li schimpft, weil Finn etwas Unpassendes gesagt hat. Finn holt den Verbandskasten, weil Li es befohlen hat. Li verarztet Mo, weil er sich das Knie aufgeschürft hat. Mo ist dankbar, weil Li geholfen hat. Finn schämt sich, weil er nur an Grammatik gedacht hat. Mo muss grinsen, weil Finn ihm ein Trostbonbon geschenkt hat. / 2. Mo stürzte mit dem Fahrrad. Mo blutete. Finn sagte etwas Unpassendes. Li schimpfte. Li verarztete Mo. Mo schürfte sich das Knie auf. Finn schämte sich. Finn dachte nur an Grammatik. Mo musste grinsen. Finn schenkte ihm ein Trostbonbon. / Lupe: Mo blutete, weil er mit dem Fahrrad gestürzt war. Finn holte den Verbandskasten, weil Li es befohlen hatte. Li verarztete Mo, weil er sich das Knie aufgeschürft hatte. Mo war dankbar, weil Li ihm geholfen hatte. Finn schämte sich, weil er nur an Grammatik gedacht hatte. Mo musste grinsen, weil Finn ihm ein Trostbonbon geschenkt hatte.
- **KV7:** 1. … geflüstert hatten, bekamen … / … erledigten … gegangen waren / … getrunken hatte, rülpste … lachte und entschuldigte … / … kicherte … angesehen hatte / … kreischte … geträumt hatte / … erholt hatte, sperrte … schlief weiter / 2. ... gefallen ist / … gewesen war / … erkältet hatte / … empfohlen hat / … zugemüllt war / … gelöst hat / … gestorben ist
- **KV8:** 2. hing, hängte, hing / schliff, schliff, schleifte / erschreckte, erschreckte, erschrak / fiel, fällte, fiel, fällte / **Lupe:** bewegte, bewog, bewegte
- **KV9:** 1. eine Vermutung, eine abgeschlossene Handlung in der Zukunft / 2. Hilfsverb *werden* im Präsens + Vollverb im Partizip II + Hilfsverben *haben/sein* im Infinitiv / 3. Vermutungen: Er wird mich wahrscheinlich vergessen haben. Sie sah den Dieb nicht, es wird sehr dunkel gewesen sein. Bis zum Abend wird es wohl geregnet haben. Abgeschlossene Handlungen: Übermorgen werde ich den Test bereits geschrieben haben. Bald werde ich 14 Jahre alt geworden sein. Morgen wird dein Pulli gewaschen sein – versprochen! Gleich werde ich die Aufgabe erledigt haben.
- **KV10:** 1. Futur I: Ich werde … gehen. Finn wird … arbeiten. Li wird … tanzen. Der Lehrer … wird korrigieren. / Futur II: Du wirst … gespielt haben. Er wird … gewesen sein. Sie werden … gefeiert haben. Um diese Zeit werden wir … gelandet sein. Mo wird … gekauft haben. Die Jugendklubs werden … geöffnet haben. Es wird … dunkel geworden sein. / 2. Morgen wird Mo ein Handballturnier haben. Es wird in der Turnhalle stattfinden. Mos Eltern und Freunde werden kommen. Sie werden Mo anfeuern. Vielleicht wird Li ihm einen Kuss zuwerfen? Auf jeden Fall wird sich Mo nach dem Turnier eine Rückenmassage gönnen. Das wird ihm guttun. / **Lupe:** Das Turnier wird pünktlich begonnen haben. Mo wird danach fix und fertig gewesen sein.
- **KV11:** 2. brolen: du brolst, broltest, hast gebrolt; er/sie/es brolt, brolte, hat gebrolt; wir brolen, brolten, haben gebrolt; ihr brolt, broltet, habt gebrolt; sie brolen, brolten, haben gebrolt / flaunzen: ich flaunze, flaunzte, habe/bin geflaunzt; du flaunzst, flaunztest, hast/bist geflaunzt; er/sie/es flaunzt, flaunzte, hat/ist geflaunzt; wir flaunzen, flaunzten, haben/sind geflaunzt; ihr flaunzt, flaunztet, habt/seid geflaunzt; Sie flaunzen, flaunzten, haben/sind geflaunzt.
- **KV12:** 1. Der Stuhl hatte gewackelt. Unser Nachbar wird Handstand üben. Der Pilot verliess/verließ das Flugzeug. Sie sind ums Haus geschlichen. Ihr Gekicher hatte genervt. Das ist perfekt gewesen. Wir lasen den vorletzten Satz. Ich werde genial sein. / Lupe: Es wird spät geworden sein. Sie wird Orangensaft getrunken haben. Sie werden uns vergessen haben. / 2. … gekommen war …. Legte … war … getanzt hatte … knurrte … stand auf, ging … öffnete … wurden … war … gekauft hatte … nahm … gab … gekommen war

Lösungen

Satz I

- **KV1:** 1. und 2. Direkte Rede, Begleitsatz. Die Schöllenenschlucht im Kanton Uri versperrte den Menschen seit jeher den Weg nach Süden. Ihre steilen, zerklüfteten Felswände waren unüberwindbar. Durch die Schlucht tobten die wilden Wassermassen der Reuss. Um das Jahr 1200 bauten die Urner mehrmals an einer Brücke. Doch immer wieder kam es dabei zu schrecklichen Unfällen, sodass der Landammann in seiner Verzweiflung rief: „Soll doch der Teufel eine Brücke bauen!" Der Teufel erschien sofort und sagte: „Ich will euch eine Brücke bauen. Aber der Erste, der darüber gehen wird, soll mir gehören." Die Urner willigten ein. Nach drei Tagen stand die Brücke. An ihrem Ende hockte der Teufel und erwartete seinen Lohn. Statt eines Menschen schickten die Urner jedoch einen Ziegenbock hinüber. „Hier kommt die erste Seele über die Brücke. Die kannst du behalten!", riefen sie. Zornig zeriss der Teufel den Ziegenbock und packte einen haushohen Stein. Er schrie: „Das zahle ich euch heim! Ich werde die Brücke wieder zerstören!" Da kam ein altes Mütterchen des Weges, erkannte den Teufel und ritzte ein Kreuz in den Stein. Der Teufel verfehlte sein Ziel(,) und sein Stein landete im Tal unweit von Göschenen. Dort lag der Teufelsstein Jahrhunderte lang, bis man ihn bei Bauarbeiten verschob. Seitdem steht er am Rand der Gotthard-Autobahn, sodass man ihn auf der Fahrt in den Süden aus dem Autofenster bewundern kann.
- **KV2:** 2. a) „Wer ist diese Loreley?", will Mo wissen. „Das ist eine so tolle Sage!", schwärmt Li. „Sie war eine schöne Frau", berichtet Finn. „Sie hatte", ergänzt Finn, „viele Verehrer." Li erklärt: „Aber sie liebte nur Eberhard." Mo fragt: „Woher wisst ihr das alles?" „Wir", sagt Finn, „passen eben in der Schule auf!"
- **KV3:** 1. Hauptsätze (Hs): Li hat Halsschmerzen (Hs) und Mo kocht ihr einen Kräutertee (Hs). Der Tee tut ihr gut (Hs), sie bestellt noch eine Tasse davon (Hs). **Finn will Kräuter pflanzen** (HS), Mo soll ihm helfen (HS), aber Mo hat keine Lust dazu (HS). Finn kauft ein Kräuterbuch (Hs), darin stehen tolle Tipps (Hs), doch **die Pflanzanleitung fehlt** (Hs). / 2. Aus dem Keller dringt Lärm (Hs) und **man hört Finn fluchen** (Hs). Mo ist unterwegs (Hs), er will ins Kino gehen (Hs) oder er macht einen Stadtbummel (Hs). Das Licht auf der Bühne geht an (Hs), die Musik beginnt (Hs), die Tänzer treten auf (Hs). Li trägt ihr neues Kostüm (Hs), sie lächelt nervös (Hs), denn sie ist sehr aufgeregt (Hs). / 3. Manchmal geht er zum Imbiss, manchmal kocht er selbst oder er bestellt sich eine Pizza. Li sitzt mit ihrem Vater im Auto, sie wollen losfahren, doch das Auto springt nicht an. Mo holt sein Schulbuch, denn die Klasse wird einen Test schreiben(,) und Mo muss noch üben.
- **KV4:** 1. Hauptsatz (Hs), Nebensatz (Ns): Es ist ziemlich warm, obwohl es regnet und stürmt. Der Anrufer legte plötzlich auf, ohne sich zu verabschieden. Man konnte die Hand nicht vor Augen sehen, weil es stockdunkel war. Wenn ich älter bin, möchte ich eine eigene Wohnung haben. Er musste sich Geld borgen, da er seinen Geldbeutel vergessen hatte. Finn hörte mit Kopfhörern Musik, während er lauthals mitsang. Dass die Band so viele Zugaben spielte, begeisterte die Fans.
- **KV5:** 1. Ns + Hs: Als es donnerte, zuckte er zusammen. Da sie spät dran war, rannte sie. / Hs + Ns: Es gefällt Li, dass Mo so witzig ist. Mo gewann, weil er gemogelt hatte. / Hs Teil 1 + Ns + Hs Teil 2: Finn runzelt, wenn er nachdenkt, die Stirn. Li will, wenn sie älter ist, an der Oper tanzen. / 2. HS Teil 1 + Ns + HS Teil 2: **Finn fischte**, ohne mit der Wimper zu zucken, dicke Spinnen aus seiner Suppe. **Mo fiel**, als er in einen Burger biss, ein Gebiss aus dem Mund. Li kleckerte, weil sie sich so erschrak, Spinat auf ihren Lieblingspulli. Der Pulli hat, obwohl er mehrmals gewaschen wurde, immer noch einen Fleck.
- **KV6:** 1. Finn erzählt die Sage vom lieben Augustin, obwohl er zuerst nicht wollte. Finn erzählt (Hs Teil 1), obwohl er zuerst nicht wollte (Ns), nun doch die Sage vom lieben Augustin (Hs Teil 2). Nachdem Finn alles erzählt hatte (Ns), stellte Li viele Fragen (Hs). Li stellte viele Fragen (Hs). Li (Hs Teil 1), die sehr interessiert zugehört hatte (Ns), stellte viele Fragen (Hs Teil 2). Mo spielte Dudelsack (Hs), während Finn erzählte (Ns).
- **KV7:** 1. Wenn, Damit, dass, damit, Weil, weil, Bevor, Sobald, Als, da, dass, Da, wenn / 2. Nachdem/weil, Wenn/da/sobald, weil/da, wenn/falls, wenn/sobald, dass, Wenn/falls/da/weil, Indem
- **KV9:** 1. Direkter Fragesatz – indirekter Fragesatz: Er fragt sie: Wohin gehst du?" – Er fragt, wohin sie geht. / „Wie spät ist es?", will sie wissen – Sie will wissen, wie spät es ist. / Er fragt: „Kommt noch jemand mit?" – Er erkundigt sich, ob noch jemand mitkommt. / „Wann fahren wir los?", erkundigt er sich. – Er fragt, wann wir losfahren. / Sie fragt ihn: „Hast du heute Zeit?" – Sie erkundigt sich, **ob er heute Zeit hat. / 2. Mo fragt Finn, ob es Länder gibt, in denen man keine Schulpflicht hat.** Finn **erkundigt sich, wieso Mo das** wissen will. Li erkundigt sich besorgt, ob Mo auswandern will. Mo will von Li wissen, ob sie mitkommen würde.
- **KV10:** 1. Bea fragt: „War die Party gut?" Der Arzt will wissen: „Wie viel wiegst du?" Die Mutter fragt Li: „Schmeckt dir die Suppe?" Finn will wissen: „Wo steckt Mo?" / 2. Finn fragt: „Wo ist meine Brille?" Finn fragt, wo seine Brille ist. / Li will wissen: „Steht mir die Frisur?" Li will wissen, ob ihr die Frisur steht. / Mo erkundigt sich: „Wem gehört die Socke?" Mo erkundigt sich, wem die Socke gehört. / Finn fragt: „Hört mir jemand zu?" Finn fragt, ob ihm jemand zuhört. / Li fragt: „Möchte jemand tanzen?" Li fragt, ob jemand tanzen möchte.
- **KV12:** 1. Heirate Max, nicht warten. Heirate, Max, nicht warten / Peter erbt den Hof nicht, aber Lukas. Peter erbt den Hof, nicht aber Lukas. / Er will sie nicht. Er will, sie nicht. / Jan, sein Bruder, Tim und ich spielen Karten. Jan, sein Bruder Tim und ich spielen Karten. / 2. b) Der Täter trägt eine Zipfelmütze, im Gesicht einen angeklebten Bart, an den Händen riesige Handschuhe, auf beiden Backen eine Tätowierung und eine Sonnenbrille. / 3. Er versprach, mir jedes Jahr ein Handy zu kaufen. Er versprach mir, jedes Jahr ein Handy zu kaufen. Er versprach mir jedes Jahr, ein Handy zu kaufen.

Satz II

- KV1: 1. Der Held rühmt sich seiner Taten. Wessen rühmt er sich? → seiner Taten = G (Genitiv). / Sie liest der Klasse den Text vor. Wer liest vor? → sie = N (Nominativ). Wen oder was liest sie vor? → den Text = A (Akkusativ). Wem liest sie vor? → der Klasse = D (Dativ) / 2. Herr von Ribbeck schenkt dem Jungen eine reife Birne. Wer schenkt? → Herr von Ribbeck = N (Nominativ). Wen oder was schenkt er? → eine reife Birne = A (Akkusativ). Wem schenkt er? → dem Jungen = D (Dativ) / Machst du dem Gast rasch einen Tee? Wer macht …? → du = N (Nominativ). Wem machst du einen Tee? → dem Gast = D (Dativ). / Die Nachbarin nahm sich der kleinen Katze an. Wer nahm sich an? → die Nachbarin = N (Nominativ). Wessen nahm sie sich an? → der kleinen Katze = G (Genitiv)
- **KV2:** 1. und 2. Li versteckte den Esel → A / Finn enthielt sich des Esels. → G / Mos Vater rasiert den Esel → A / Bitte zeig diesem Esel den Weg! → D / Leihst du dem Esel das Buch? → D / Der Ordner verwies den Fan des Esels. → G / Der Esel krieg nie genug. → N / Ihr dreht den Esel im Kreis! → A / Im Garten steht der Esel. → N / Er reicht dem Esel die Hand → D / Ich habe den Esel im Griff. → A
- **KV3:** 1. b) Frageprobe: Für wen/was schwärmen sie? → für himmelblaue Nelken; Ersatzprobe: Manche Leute schwärmen für den Esel. → A / c) Frageprobe: Auf wen warten? → auf Blumen; Eselprobe: Warte nicht auf den Esel. → A / d) Frageprobe: Wen/was färben? → sie; Eselprobe: Färbe den Esel selbst. → A / 2. a) A / b) D / c) D / d) A / e) A / f) A / g) N / h) D
- **KV4:** Das Erbsen-Experiment: A, N, D, A, D, G, N, D, A, A, N / Was passiert da eigentlich? A, N, A, N, D, D, A, A, N, G

Lösungen

- **KV5:** 1. eine Schere = A / dir = D / des Teebeutels = G / Den Beutelinhalt = A / den Teller = A / deine Startrampe = N / ab der oberen Kante = D / du = N / dir = D / 2. N / N, A / D, A / N, N, A, A, G, A
- **KV6:** Der britische Autor Rudyard Kipling schrieb 1894 das berühmte Dschungelbuch. / In dieser Geschichte wächst das Findelkind Mowgli im indischen Dschungel auf. / Der Bär Balu und andere Dschungeltiere helfen dem jungen Mowgli. / Walt Disney machte aus diesem Stoff einen wunderbaren Zeichentrickfilm. / 1967 kam das Dschungelbuch in die Kinos. / Der Song des Bären Balu wurde für den Oscar nominiert. / **Lupe:** Weglassprobe, Erweiterungsprobe, Ersatzprobe.
- **KV7:** Li probiert gerne verschiedene Sportarten aus. / Mo lässt es oft krachen. / Finn recherchiert viele Themen im Internet.
- **KV9:** Wer? → Nominativ, Subjekt: dieser Schuh, der Dieb, sein neuester Fall, wir, wir, Wer, Dieser Fall, ich / Wen/was? → Akkusativ-Objekt: sich, Kopfzerbrechen, die Informationen, alle verdächtigen Personen, weitere nützliche Hinweise, einen ausführlichen Bericht / Wem? → Dativ-Objekt: der alten Dame, dem Kommissar, der Spurensicherung, der Polizei, dem Bürgermeister / Wessen → Genitiv-Objekt: seiner Tat, näherer Abklärung
- **KV11:** 1. b) Wer? Wie? / c) Wer? Wen/was? Wem? Wann? Wie? / d) Wer? Wen/was? Wo? Wie? / e) Wer? Wie? Warum? / f) Wem? Wie? / g) Wer? Wen/was? Wem? Wann? / h) Wer? Wen/was? Wohin? / Wer? Wo?
- **KV12:** 1. In der Suppe → Wo? Ergänzung: Ad (Adverbial) / das Haus → Wen/was? Ergänzung: O (Akkusativ-Objekt) / pfeifend → Wie? Ergänzung: Ad (Adverbial) / Wegen Glatteis → Wegen wessen? Oder: Wegen wem? Ergänzung: O (Genitiv- bzw. Dativ-Objekt) / die Schule → Wer? Ergänzung: S (Subjekt) / mir → Wem? Ergänzung: O (Dativ-Objekt) / heute → Wann? Ergänzung: Ad (Adverbial)